THE WITCH'S HERBAL
— APOTHECARY —

女巫藥草舖
一整年的大地魔法、聖神藥草儀式

Marysia Miernowska

瑪麗莎・邁雅諾夫絲卡

楓書坊

獻給芙蘿拉。

妳是純粹的魔法；
神聖的愛的化身，
自由而充滿野性。

我愛妳。

媽媽

contents

目錄

前言
Preface

在愛爾蘭長大，很難找到對這些古老之道的認可，還有對於我們身旁其他世界的認可，那些只要知道怎麼做，就能隨心所欲連結的領域。就我的記憶所及，魔法一直都是被隱藏起來的事物，罩著神祕的帷幕，只分享給被揀選的少數——一個不可能找到的祕密俱樂部，更不用說要加入了。

除了魔法的零星斷片和耳語，或偶爾的家傳藥方和不輕易外傳的祕方，能找到的相關訊息非常稀少。即便如此，我還是一直覺得這些就是我的道路：聆聽植物和他們的靈、他們的藥，還有服務他們的必要，用來回報他們賜予我們的餽贈、生命以及治療。

我一直渴望著這本書能夠存在，能夠指引我方向，而它到今日才終於問世，通過瑪麗莎‧邁雅諾夫絲卡這樣一個美麗又溫柔的靈魂。瑪麗莎帶著一顆開放的心，慷慨地把這一切贈予我們，她編織起來的這一切古老之道、綠之道，都在她的《女巫藥草舖：一整年的大地魔法、聖神藥草儀式與配方》這本書中。

瑪麗莎讓這幅知識的紡織畫成型，為此我們都該好好慶祝、向其致敬。為了將這些療癒技法匯聚在一起、為了大多數人都遺忘的，我們和自然之間充滿魔法的關係。這道聯繫已經斷裂太久，療癒我們和大地破裂的關係是當務之急。

瑪麗莎揭開了魔法和不可見的事物的神祕面紗。在這本書中，任何有幸找到路徑進入這些書頁中的人都會被贈予許多珍貴的禮物，包括找回自己的治癒能力、找回自己的光與真實。她精心織成的文字開放而質樸，解釋了如此重要而古老的知識，閱讀起來，讓我深深鬆了一口氣。這是一份送給這個世界的禮物，也是她和煦知識的慷慨分享。這本書帶來了我們所在世界的真實，還有一直都在彼方，但我們為了方便和毫無思索的消費而丟棄的魔法。

我知道這本令人驚豔的書會成為一塊堅定的基石，支撐每個擁抱自己野性一面的女人、每個充滿好奇心的女孩，以及每個知道我們沒有活在真實之中的迷途靈魂。這本書會帶你回家。

所有閱讀本書的人，找到這本書就是祝福。它會滋養你的身體與靈魂，讓你自己的真實茁壯。歡迎來到存在的真實世界。

這本書是純粹的魔法。

——瑪莉‧雷諾（Mary Reynolds）

全球運動「我等即為方舟：獻給大地的仁愛修復行動」（We Are the Ark: Acts of Restorative Kindness to the Earth）發起人、暢銷書《花園覺醒：照料我們的土地和我們自己的設計》（The Garden Awakening : Designs to Nurture Our Land and Ourselves）作者、2015年傳記片《世界之庭》（Dare to be Wild）。

如何禱告
how to pray

就像接近野生動物，一頭鹿
或沉睡的狐
安靜地移動
帶著敬畏深入
獻上花朵、甜蜜的話語
蜂蜜，或祝福的煙霧
呼喚月亮與星星下凡的音樂

放低自己，在那比你所能承受
還要巨大的美面前

忘了你的名字，打開
自己，在純粹的驚嘆裡
讚美千百億的美的變形、染色的
氣體，靈的
升起

大聲歌唱、露點腿
如強風一般言語
呼喚神靈聚集、靠近
來聆聽你的心

舉起你的雙手
撼搖大地
如閃電能夠喚醒土地
搖響你內在的鈴，然後唱
那崇拜的呼喚。
舞雩兮　如這是你讓空氣顫動的時機
然後喚醒諸神

搖動每粒原子，吸引注意
歌誘天空降臨大地

讓眼淚，你的靈魂
灑開

帶著那兩歲的孩子，你的心靈
到亙古的老祖母那裡
親吻土地，她的手，
太陽她的眼、啜飲她的血液
在她夜晚的房子裡脫去你的鞋子。
和你體內每個細胞一起投身

感激。

然後
在你的手中舒展
靈魂最深的渴望

並索求，就像你
向情人索求
那甜蜜的撫觸

打開內在的門
讓神聖的治癒之手
進來

別忘了說
請
還有　謝謝你

——薩姬·L·莫芮（Sage L. Maurer）
蓋亞療癒學院（The Gaia School of Healing）
院長與創辦人

那具身體，我的話語來自於那裡

　　我們是樹。透過我們的身體、呼吸與生命，讓天上與地下的能量聯姻。這本書就是土壤與星星的聖婚透過我肉身的表現。其中絕大部分來自我和植物的談話、對寂靜的聆聽、無數的死、我在那偉大神祕腳邊的哭泣、通過橡樹樹冠尖端的性愛……你懂的。這本書來自非線性的領域。

　　不過，書根本上依舊是線性思維的載體，期盼著某些浩瀚的、驚奇的事物能夠從中綻放。所以，書寫這些經驗其實是個轉譯，將各種存在於形體、性別、社會約定和其他線性建構物之外的能量，譯成概念、原型、例子和實作：後面這些才是有形的，也因此能夠讓精神（spirit）獲得形體（form）。如果做得好的話，這就能成為地球的良藥。

　　許多古代的密契主義者都曾教導過：透過人類，天上的能量能夠顯現在地上，而大地的能量也能被解放到乙太中。所以這本書是群星所造，為了土壤；是植物所就，他們為太陽吐息。願其中有些東西能夠和你獨特的靈魂發生煉金反應，讓魔法像漣漪一樣從那裡擴散，化為給予「整全」（the whole）的藥。關於這本書，我還有許多的祈禱，稍後我會持續分享。

　　重點是，當我將自身奉獻於無形時，我仍有形體。即便我對本書最大的禱告是祈求它為「整全」服務，它卻是由我個別的存在寫出來的，而我的物理存在，在這顆星球上一直都有著她自己獨一無二的經驗。這些經驗部分來自我的性別、傳承、口音；來自我所掉進的這個世界的潮流，來自有限的、社會的與人類的約定等，來自於這些許多不同的管道。

　　身為一個有著女性身體的人，我是以我女人的身體作為道路，與大靈與巨大的神祕連結在一起的。我從彼處蒐集了許多工具，並和人們分享，同時也知道這些無法呼應所有的人類經驗。我對性別相關詞彙的使用仍在不停地變化；而在本作中，我使用的原型符號系統，與女性身體的經驗有著非常密切的關聯。我以她們以我的身體作為門路，通往存在於性別、時間、形式、年齡等等眾多事物之外的能量；不過，我知道這些還是有他們的侷限。我也在本作中參照能量「陰性與陽性」兩個面向，但他們其實和性別毫無關係。我們作為一個集體，正在擴展、超越性別代名詞或其他預設所造成的侷限，對此我深感喜悅。在人類詞語的遊樂場中，我還只是個蹣跚學步的孩子。請原諒我語言上的所有短處；也請明白，這本書寫給所有性別的人，是寫給人類，也寫給人類以外的。

　　　　　　　　　　　　瑪麗莎・邁雅諾夫絲卡

引言
Introduction
偉大的回歸

歡迎。

為了想起，我們聚在一起，
讓我們自己的所有部分都回想起
自己與整體（和神聖）是一體[1]。

歡迎來到我的火邊，和我一起。

你記得嗎？你是土壤和星星
做的。

吸氣，喚回那份記憶，然後編織
把大地之母血肉的黑暗
織回你的身體。
成為你的充盈，
以及你骨子裡的確信。
地，我的身體。
你來到這裡，是為了從你內在
的海洋生產藥石。
是故，以煉金術，我們將植物
與禱告
歡笑與渴望
陽光與河流
煉成療癒與愛的祕藥，
一瓶瓶的液態魔法，捕捉著虹光
如同我們深愛的土地唱著歌
歌進入空氣由我們吸入肺腑。

一起，我們會創造一個藥草櫃。
我們會照顧你的花園和荒野
赤著腳、天靈盛開。
群星與大地透過我們合而為一。

像一條汩汩的溪河
從我們的神聖中心
流瀉著無條件的愛，
那是給我們的身體與時代的
膏藥，
消解、滋潤所有的渴
為了哺育與真正的療癒。
水，我的血液。

閉上你的眼。觀看。
為廣袤與空無清出空間。
我們迎請那巨大的神祕。

一起，我們會駕馭大氣與時間
的洪流。
迴旋如螺，祂們跳著舞穿過我
們的生命
而那古老的原型
夜空中，祂們織成了無數星系
的網。

一起和我在這巨大的輪盤上旅行
前往所有現在與未來
我等巫者扭曲時空的法則
而更加完全地來到

此在
這個當下如漣漪擴散
隨著我們心的每一聲鼓動。
在我們身體與存在的神聖中心
我們編織著所有前人
以及無數來者。

風，我的呼吸。

點燃吧！你的「YES！」
投入火種、餵養你的火。
讓你的激情獲得肉體
讓祂們透過你活著、成為你，
獲得形體也超越形體[2]
因此帶來知識與啟明
予你，讓你認識你自己。
Becoming.[3]

這趟旅程會改變你。
就像是，從那至深奧祕的肥沃
空無生出的
新春，將會甦醒如你
如你，在名為「你」的夏日開
花、結果
為了能夠給世界收成你的藥你
的禮物
還有修去閒蕩的死枝。

一起，我們會再次餵養大地
一如我們學習從祂的腹肚餐飲
火，我的靈。

我們立下了圈界。
我們在世界與世界之間。
所有在此發生的影響著所有
世界。

So it is!

---

1. 譯注："We gather here to remember, to re-member all parts of ourselves back into wholeness (and holiness)."
這裡作者玩了一個非常巧妙的文字遊戲。Remembering，記起、回想起；Re-membering，「再次成為成員」，在薩滿信仰中，意味著在經歷了分解肢體的試煉之後，重新將身體拼湊、組裝回原本完整的樣子；因此 Remembering, re-membering 一方面表示「想起來」，一方面也表示「再次成為自然或整體的一份子」，也就是「回歸大地」。而 wholeness，整全、整體，和 holiness，神聖，兩個字的發音也只差一個 I：這是不是暗示著，把 I（我）放回「整體」，就能達到「神聖」呢？
2. 譯注："taking form and trans-forming"，form，形體、形式；transforming，變形、變化、轉化；trans- form，超越形體。
3. 譯注：（持續）成為。此詞不可譯。表示持續變化的開悟狀態，近似《易經》的「易」，大化的「化」。

第 *1* 部

將自身
織回大化的
網絡裡

第1章

生命的巨大螺旋

你記得多久遠的事呢？一直以來，讓自我回歸大化的這趟旅程你是怎麼走的？

從我們所知的時間開始以來，這顆星球上的生命就不斷地在演化與變化。我們是那些爬出海洋的魚的後代：這並不是詩意的說法，而是科學。我們呼吸的空氣來自樹木，他們的葉子是星光構成的。多虧了生命之初、創造了生物圈的海帶，我們才有氧氣。我們吃的藻類其實來自外太空，他們能夠強化我們大腦中的溝通網絡，也對植物與土壤間的訊息傳遞有同樣的功勞。我們的骨骼裡有星星的粉塵。我們的血管呼應著川流、枝枒，以及根系的重複樣式。月亮以同樣的節奏移動著女人子宮中血液與海洋的潮汐。

我們不是自然的一部分。我們就是自然。

認識蓋亞、認識自己

「我們怎麼出現的？」、「我們為什麼在這裡？」任何土地、任何文化的人們都說過關於這些問題的故事。這些故事像古老的絲線一樣把我們和祖先的理解、訊息與指引連結在一起。然而許多珍貴的線已經遺失了、被遺忘了、從沒被寫下、被燒毀、擦去或扭曲。這本書編織了這些古老故事的絲線，它們透過各種方式來到我身旁：透過深深傾聽寂靜、來自植物和人類老師、來自風、夜晚、星星、野外的水體、心碎、死亡、更新、狂喜、希望；隨

著我不斷把自己織入那偉大的神祕裡，這些故事也來自我與大地的心一起跳動著的，自我的神祕開展（unfolding）。這本書說的故事，是關於想起、找回我們魔法與力量的圓滿，這都是生命巨網的一部分；從那裡我們就能從發自內心的意念啟程，並做出正義而能帶來療癒的行動。或許這是個龐大的夢，但這也是為什麼我們要汲取魔法的力量，還有使用屬於我們巫的工具──那行走於世界之間、影響所有世界的我們；那能夠扭曲時間與空間的律法，使得奇蹟有空間發生的我們：巫者。

現代的恢恢密網

不是那麼久以前——但還是比你短暫的人生久一點——一個新的故事流傳了起來。那是個非常有說服力、非常狡猾、閃閃發亮的故事，其中保證了財富和安逸——喔！那是多麼喚起了人類的胃口啊！「每個男人都能有他自己的城堡」、「每個女人都能有她自己的廚具家電」、「我們會變得前所未有的富有！」故事那麼保證。「不需要依賴你的鄰人、不需要分享資源、不需要聯合與團結」故事說道。「照著這個故事說的做，消費越多，你就會變得越強大！」

工業革命以降，消費主義的經濟理論於是長成我們主要的故事線。它聲稱逐步增大的消費程度，對消費者有益，並把無止盡的成長描繪成某種值得追求的事物。

我們把自己的想像力和勞動等能量都獻給了這個故事，讓它得到力量，並透過各種聲音傳播出去。

但無止盡的成長是不可能的。所有日出都會帶來日落。夏天凋零為冬季。人的成長與擴張最終也會走向衰亡。一粒種子化為一顆樹、結出果實、提供食物與涼蔭；樹實現了調整我們生態系的壯麗使命；樹經歷了和其他生物的關係，然後生命力開始衰退最後回歸死亡與新生的黑暗裡。

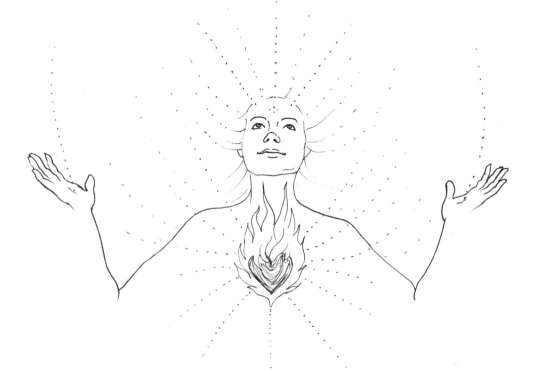

學習自然的律法與真實，能讓我們想起怎麼參與自然、成為自然——當時機成熟時，不費力氣地綻放與創造；或者隨著衰退的潮汐一起回到那豐饒的黑暗休息、重生。自然的潮流並不是無限增長的直線，而是回歸輪轉的再生螺旋（spirals of Regeneration）。通過學習如何將我們自身織回生命的巨網，我們就能夠駕著大化重生的潮流，為自己和我們居住的世界帶來新生。身為巫，我們能夠運用這些重生之道，在人類有限的一生中經驗許多輪的重生、死亡與新生。這個重生的故事，是個愛情故事：它把我們織進某些更寬廣，比渺小、失去連結的人類心靈的故事，還要更為龐大的事物。自然的重生潮流把我們織進那偉大的神祕，以及生命的巨網裡。

流年之輪　The Wheel of the Year

流年之輪是用視覺圖像的呈現方式，描繪季節與時間的循環性質，許多現代自然崇拜[4]宗教的宇宙論都會使用。流年之輪被分為四等份，分別標記了四個季節的開端，並對應到四個主要的大地崇拜節慶，也就是春分與秋分、夏至與冬至。這四等份接著又再被四分，標示了季節的中點，以及「四分十字聖日」（cross-quarter holy days）。

雖然流年之輪本身是現代繪製的，但來自各地、不同文化的先人都會慶祝太陽一年消長的旅程中的這些神聖時刻。在白晝最長的一天——夏至，人們慶祝太陽頂峰的榮耀與力；在最長的夜裡，我們祈

---

4 譯注：Pagan，現代英語直譯為「異教的」，但這樣其實在中文語境中無法理解；又因為 pagan 字根義指「農人」、「鄉下人」，和土地共生的人們，所以此處翻譯為「自然崇拜」。

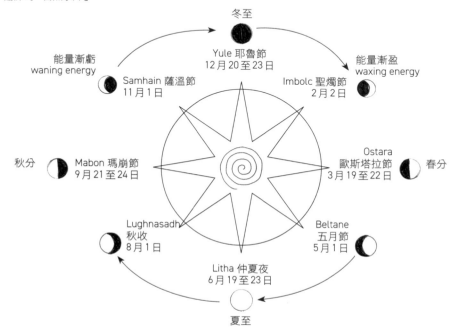

冬至

Yule 耶魯節
12月20至23日

能量漸虧
waning energy

能量漸盈
waxing energy

Samhain 薩溫節
11月1日

Imbolc 聖燭節
2月2日

秋分

Mabon 瑪崩節
9月21至24日

Ostara
歐斯塔拉節
3月19至22日

春分

Lughnasadh
秋收
8月1日

Beltane
五月節
5月1日

Litha 仲夏夜
6月19至23日

夏至

禱著太陽的重生，也慶祝冬至那神聖的黑暗。先人們慶祝春秋分光影平衡的時刻，它們標注了自然中盈虧循環的起始。

對大地崇拜者而言，很明顯地，很多猶太與基督宗教的節慶可以追溯到它們之前的大地宗教慶典。例如，復活節（Easter）和踰越節（Passover）都含有比基督教和猶太教更古老的象徵與傳統，這兩個節日都是在慶祝太陽／聖子（Sun/Son）在春天的新生。

巫，即運用自然的循環創造轉化與魔法之人。所以我們可以把流年之輪上的神聖時分當作是「門」（Portals），用來連結大地與太陽的能量。我們可以把大化重生的能量潮流也編織進自己配製的藥、我們體現的儀式還有奉獻之中，用來餵養土地、神靈、心愛的人，還有自己。我們一起踏上的這趟旅程，將會給你許多儀式與配方，可以用來強化你和流年之輪的連結。

乘著大化的潮流
Riding the Currents of Nature

你看過鳥頑固地決定在仲冬築巢、產卵嗎？你能想像，一隻鯨魚從賜牠生命的暖流遷徙路徑脫離，背離牠的族群嗎？應該不太可能。自然教導著我們什麼時候適合開始新計畫何時在生命中成長、慢下腳步、回歸、休息，與進入夢鄉。

然而，現代的文化把我們推往更線性思維的道途，鼓勵我們以嚴格固定的步調運用生命力，並要求朝九晚五（或更晚）的作息，與不論季節或年齡，始終如一地期待與穩定的工作表現為了在其他季節，維持對應到夏天的持續高能狀態，成年工作者往往會使用神經興奮劑，如咖啡因和糖分，來保有同樣的工作表現。人們被期待長時間工作，而我們的文化，比起休息和放鬆，更重視生產力。這也難怪那麼多人都完全燃燒殆盡了，變得抑鬱、失去動力與喜悅，病懨懨的。我們並沒有被教導怎麼隨著大化的再生潮流生活。

乘著大化的潮流，意味著留意太陽和月亮的循環、季節流轉，以及我們周遭與內在的能量潮汐。使用這本書裡介紹的工具我們能把自己深深編織回蓋亞的體內。我們會學習如何運行比自身還要龐大的能量──也就是大地之力──使其流貫於自己的身體、行動、藥，還有創造之中。藉由順應在流年之輪上開啟「門」的那些能量盈虧，我們就能駕馭大化的潮流。然而我們的旅程並不會把我們帶往同一個點兩次因為我們是在時間的輪軸上前進的。

17

故，我們會學到療癒是支螺旋之舞，一如所有轉化與魔法。

再生之道　The Regenerative Way

再生之道把所有時刻都尊奉為神聖、重要的，而且視為生命整體的部分。在花園中，我們遵循再生農業的原則與生態動力學農法。我們關注的是：培育豐饒的土壤、支持多元的生態系統。我們回歸工業化時代之前的栽植方法，透過這樣的方式繼承完好的生態系，以及能夠種植食用作物的健康土地。我們向花園學習、傾聽植物、與大地一起禱告，支持著生命、觀察、研究，並改進我們的方法。我們編織著自然、傳統的、通過時間考驗的技法，在我們照料的土地創造生命。我們根據月相製造堆肥、栽種，並創造閉鎖的樸門農法系統，毋須外來的，像是肥料等等有限資源。我們停止犁土和拔除雜草，讓生命能在我們腳下豐饒的黑暗蔓生。透過增加土壤中的有機物質，我們再次為地下水注入活力，養護小型水循環，並把碳元素收回土地。這些再生農法能夠帶來平衡，也被指出有助於逆轉氣候變異。

我們的藥草工坊也用再生的方法炮製藥草——也就是說，盡可能使用自己種的植物、使用自己照料和禱告的花園裡的素材。我們以道德且神聖的方式收割植物，確保和我們有著互利關係的生態系統，也能從中得到好處。我們也慷慨分享自製的藥草，向蓋亞學習慷慨經濟學，創造更多生命也餵養整體。我們讓禱告進入藥草中，編入我們的意念；向植物和自己的身體學習、分享自己的經驗，並珍惜我們的植物夥伴。接受植物的身體、靈魂、祕密和教導的同時，我們也不斷奉獻，以及詢問自己能為他們做些什麼，因為植物和這顆星球的需求也不斷改變著。

如何使用這本書？

這本書會教你怎麼在你的生活中、創作中、藥草調配、療癒工作中，乘著大化的再生潮流，並且深化你和大地、大靈以及和自己的關係。建議你按照順序閱讀這本書：第一部解釋了我們採用的世界觀、流年之輪，以及建立魔法連結的各種入口。而雖然第二部分為四道對應四季的「門」，我們不只以一年 365 天為單位運行流年之輪；其實每個月亮週期（每 28 到 31 天）、每一天，都能連結到流年之輪的每一個時分，所以你可能會想從自己所在的季節那一章開始閱讀。但最終，在每一天、每個月、每個季節的特定時刻，以及在更大的人生週期裡、我們所體現的那些原型之內，所有的「門」都會按時打開。

你將會發現這裡許多實踐和儀式都非常簡單。巫真的只需要他的身體、呼吸，還有和大靈的聯繫，就能執行治療儀式、魔法、帶來轉化。進一步來說，綠巫也從他和大化的共鳴汲取力量。故，這就是本作最隆重的邀請：請你找到自己和大地合而為一的那個地方。無論這個地方在哪、無論祂如何發生，只要你感到接上了氣的泉源、生命的能量、偉大的神祕，以及你心中的愛與魔力，那就對了！——那就是魔法的濫觴。

第2章

什麼是「巫」？

讓我們為女巫和魔法這兩個詞正名，並把它們當作屬於所有人的好用工具吧（本來就應該是這樣）！

「巫」就是大地的盟友和愛人，在自然的循環中施行他們的技藝。英文的「witch」來自「Wicche, wicce, wicca」，表示「紡織者」。其他不同民族的語言把巫描述成「（能）知道的人」（those who knows）、智者、先知、卜者、女魔術師、治療師、老婦人、做事的人或做東西的人、變形者、命定之人、先祖……等等。例如，拉丁語的「saga」（智慧女人、女巫）；波蘭語「wiedzma」，表示「看得見的女人」（she who sees）；希臘語「pharmakis」，藥草師；愛爾蘭語「Cailleach」，老婦人、女術士、咒術師；薩米語（Sami）「noajdisaakka」，薩滿老婦；古德語「hagedisse」，老嫗、圍籬之靈、荒野的女性存在；西班牙語「bruja」，蠻族、異教徒[5]。

在英文中，我把女巫、「Wicca」和柳樹聯繫在一起——柳樹能入藥、充滿魔力又有各種用途，並能讓我們和自然的再生循環連結；它在每個秋天死去，隔年重生，循環的同時也把生根激素分享給其他植物，讓他們也欣欣向榮。柳樹，就像巫，知道如何運用現實的彈性，如何彎曲而不斷裂。

根據英國現代魔法的先驅——荻恩·佛瓊（Dion Fortune），的說法魔法是憑意志改變意識狀態的技藝。我也很愛大地取向靈性信仰的領袖斯塔霍克（Starhawk，星辰之鷹）給的定義：「一門解放的藝術、釋放神祕的行為，它能讓我們信念的織物斷裂，並讓我們凝視深邃宇宙的心臟地帶，那裡寓居著不可測量的、賦予生命的力量。」

薩滿（shaman）一詞來自西伯利亞的鄂溫克語（Evenki），表示「（能）知道的人」（the one who knows）。目前已知最老的薩滿遺體是具女性的身體，出土於現在的捷克共和國；而考古學家曾認為顯著的墳墓都屬於男人，這提醒了我們要看到歷史，或「他的故事」（his-story）之外的事物——要

---

5 譯者注：原文「heathen」、「pagan」在英文中傳統上是貶義詞，中文一般也翻譯為「蠻族」、「異教徒」。但二十世紀巫術和歐洲基督教前信仰復興後，這兩個字也被「正名」，找回原本的意義，即「鄉下人」、「村野的」，用來指稱歐陸在基督教普及前的傳統原生信仰。

看到學校教給我們的、歐洲中心父權視角之外的事物。在復興與想起的過程中，我們受邀去發掘「她的故事」（her-story），並把平衡還給被噤聲或壓迫的聲音。

我在訓練女巫的時候會分享：身為一名女巫，首先要駕馭自己的神經系統。要於外在創造魔法和療癒，我們必須先從內在做起。明白意志與意念有多麼強大，因此我們必須有著無可挑剔的能量。認識自己，和對自身能量的掌握，是我們的追尋，這樣才不會落入無意識的反射動作和刺激與反應的圈套。我們必須有能力憑意志進入充滿恩典的狀態，從那裡出發，我們激起的漣漪都會是「藥」。

到這裡，我們匯集了眾多故事和視角的織線，現在讓我們進入性別和故事之外的領域吧！讓我們取回內在的知覺，踏入與生俱來的角色，作為創造魔法的人、作為巫、作為大地的孩子，還有偉大母親的盟友。

什麼是綠巫？

身為一名女巫，意味著把大地當作母親來崇拜；身為綠女巫，則表示透過帶領大地的孩子回到與她的對話中，為他們帶來療癒。

——蘇珊・史東・席艾拉路蓓
（Suzan Stone Sierralupe）

綠巫是（任何性別的）智者，用身體體現神聖而充滿生命的大地，並透過與自然的

循環同步，來創造療癒、魔法和蛻變。她從她的神聖中心行巫，無條件的愛從那裡湧出。從一個蘊含所有方位、以自然與神祕編織而成的輪盤，她喚來所有能為其所用的工具時，這個恩典的狀態和她的魔法能讓她根植大地、向大靈敞開。綠巫是個治療者。她的靈性實踐讓她的心與無條件的愛和諧共振；無條件的愛，是我們星球上真正力量的最佳泉源，也是奇蹟的燃料。

在任何身分之前，綠巫是大自然的信徒。自然象徵了女性原理，教導我們重生之道，讓壓迫系統回歸大地成為肥沃；也像治療癌細胞般把我們推向無止盡成長的推力。巫向大地母親學習如何哺育生命，向充滿驚奇的月亮學習如何潮起潮落，以及學習如何在遵守那道讓巫團結在一起的原則的同時使用魔法，這條原則就是：你所做的，會以三倍的方式反饋於自己。巫術沒有教條而多元，且只有唯一一條需要遵守的規則：不去傷害。

將植物視為有意識的存在：
如何和藥草建立關係？

每當我開始教人如何跟植物溝通時，

大多數的人都覺得自己做不到。「當然，我知道薩滿可以跟植物溝通，在叢林中長大的人，或身處自然醫藥完好文化體系裡的人也行。但我呢？一個現代人？我做不到。」錯。我們都能跟植物說話。我們都能直接向他們學習，而且其實很簡單。很多人其實已經在那麼做了，只是沒意識到而已。可能你在買菜時順手拿了點生薑，幾天後發現自己感冒了、狀態不好，剛好需要他。又或許你正因為消化不良煩惱，所以給自己泡了薄荷茶。在這兩個情況下，你都是在跟植物對話；你從自己身體的具體經驗、從身體直接向植物學習到的接收訊息。在魔法上，你還能以這點為基礎，更進一步。

所有人類都能和植物溝通的理由在於：我們和植物都是由同樣的元素構成的──風、水、火和地。熟悉四元素，還有認識到他們如何顯現在我們的行動、健康、情感、關係、物理空間、植物、地景、文化等等事物之中，該要是巫者訓練的一部分。巫的工作是創造平衡，而這些就是我們在這個地上世界運用的基本材料。

然而，植物──就像人類一樣──不僅僅是他們部分的總和，他們也有靈魂。把植物視為有意識的存在，並與之合作的綠巫，會跟這些所謂的植物盟友（plant allies）發展深切的關係。我們使用物理感官還有身體中的經驗來獲得訊息，知道植物如何影響我們，以及藥草和我們之間有什麼樣的煉金術關係。我們也使用靈性的感官和冥想狀態的一心一意，來接受訊息

和能量層面上的療癒。和一種植物這樣相處、合作一段時間，帶著愛和注意力，全心投入這段關係，我們就會建立出非常強韌的羈絆，允許我們召喚這種植物的靈。有些綠巫，包括我，會認為是植物的靈讓治療發生的。根據我的經驗，這也是為什麼呼喚植物靈的幫助、在禱告下製成的藥草，遠比大量生產的藥草更強更有效。有些傳統民俗治療師和薩滿甚至只跟一兩個植物盟友合作；他們對自己的夥伴有無比親密的認識，這讓他們接收到植物靈的歌，只要唱植物的歌，他們就能治療人們身體上、靈魂上或心理的各種問題──有時候甚至不需要實際使用藥草。願我們記得：不是植物盟友的數量讓我們成為有能力的藥草師；真正帶來療癒的是關係的深度。

直接向植物學習：如何進行藥草冥想？

喝藥草茶冥想是蓋亞大地教育與療癒學院（The Gaia School of Healing and Earth Education）教授的核心練習。這所學校由薩姬・莫芮（Sage Maurer）在二〇〇一年於佛蒙特（Vermont）創立，培育了數千名民俗藥草師和綠巫，也包括我。二〇一四年，我開啟了蓋亞學院的加州篇章，繼續引導來自各種背景的人們學習如何直接和植物溝通。

以下的冥想基礎是我從薩姬那裡學到的，在植物的引導下產生了演變。這個架

構可以讓你知道如何跟植物冥想，從而跟植物靈連結、接收深層療癒，並向他們的語言敞開自己。

1. 備好一個「單方」（simple），只有一種藥草的藥草茶（見 59 頁）。選一個你想認識的植物，一個呼喚你的植物。跟著你的直覺走，或依循任何神祕的徵兆。

2. 創造神聖空間，你會在其中和植物靈對話。要感覺平靜、悅人，能讓你的靈魂放鬆。

3. 使用任何工具或方法讓自己進入冥想狀態，幫助轉換你的意識狀態。可以加入冥想音樂、燒柯巴脂或祝福藥草（見 31 到 33 頁）、深深地用肚子呼吸，和／或和大地連結（grounding）。

4. 呼喚諸方神靈（29 到 30 頁有個你可以使用的禱告），並專注於你的目的。呼喚你的指導靈和任何能幫助對話的慈愛神靈，並劃出魔法圈（28頁）。

5. 倒茶，以舒服的姿勢坐著（我喜歡直接坐在大地上），然後閉上眼睛。端著茶杯，做幾個深呼吸。來到這個當下。呼吸……直到練習結束前，眼睛都不要張開。

6. 一當你感到平靜、能量上開放、準備好接收植物，就能開始吸入茶湯的氣息。我把這稱為「和植物共享呼吸」（sharing breath with the plant）。觀想植物的吐息成為你吸入的氣。用呼吸打開身體，然後開始邀請植物靈進入。

7. 生理上，植物已經開始透過你的鼻道進入你的血液跟身體；靈魂上，植物靈也開始和你的靈魂聯繫；能量上，打開你的呼吸和心，帶著領受的意念，將自己的身體帶往放鬆的狀態。

8. 和你的嗅覺連結，保持冥想狀態。單純留意植物的氣味讓你感覺如何，或許讓你想到一段回憶或某個地景。或許是、或許不是，無論如何，繼續下去。

9. 隨著呼吸進入你的心裡、你自我的當下。能量上，獻上全心全意，與植物靈同在。向植物自我介紹，說出你的名

字，就像跟一名長者或治療師自我介紹一樣。

10. 訴說你的意圖：請求對話、交換能量，還有接受植物跟你分享的任何療癒和訊息。發自內心，讓意念成為謙卑的禱告與請求，獻給植物。請你的身體敞開，領受這位帶來療癒的植物靈，然後邀請植物靈深深地進入你，前往最需要療癒的地方。

11. 帶著感謝的心，開始緩緩啜飲。雙眼應該保持閤上。

12. 啜飲、閉著眼睛，喝下茶湯：這就是你的冥想儀式。可以在這裡花個二十分鐘或更久冥想。

13. 放鬆成一種接納，領受那份能量。

14. 如果思緒開始遊走，將它帶回你正在經驗的感官感受上。留意是否感覺到植物的能量前往身體中的某個特定部位；留意你的體內感覺如何；如果有任何思緒浮現，留意自己想到了什麼。繼續深沉地呼吸，把溫柔歡迎植物進入的這個任務交給你的心智。在你體驗的寂靜之中，大聲說：「植物之靈，歡迎。嗯……謝謝你。請讓我看見你要去哪裡。」

15. 盡可能處在感受還有接收的狀態中。當思維想要參與的時候，讓它做點有助於加深聯繫的事。例如，可以問一些問題，像是「你給我的『藥』是怎麼樣的呢？」或「這次你在幫助我癒療哪些事物呢？」你可以請植物靈給你一個訊息；或者請他為你帶來療癒。

16. 你也可以請求看見植物之靈。允許自己的想像力打開，留意是否有任何形象、顏色、存在或地景。只要允許一切發生、觀察，並接收就行了。答案沒有對錯。任何浮現的事物，都來自於兩個無法復刻的存在之間獨一無二的聯繫：來自你和植物，在這絕無僅有的時刻。

17. 這些都是提示和可能的進行方式，用來讓你和你身體中植物的能量連結。最重要的是，跟從你的直覺，感受就這一種植物跟你自己想用什麼方式體驗彼此。

18. 在感謝中收尾，感謝植物分享他的身體和靈魂。在你冥想的寂靜裡，訴說感謝

的話語，向你所領受的致上謝意。

19. 感謝你設立魔法圈時受邀前來的諸方神靈和元素，結束冥想。關於打開神聖空間，可以參考31頁。

每次植物冥想都不一樣，儘管在團體植物冥想時，人們常常會分享對於一種植物某些元素的類似體驗。有些植物要我只要單純領受就好，那樣冥想感覺起來就像能量交換，或靈氣治療，沒有任何畫面或語言。有些時候，我被帶往一場薩滿靈魂之旅。又有些時候，我的心大大敞開，而我正在處理的悲傷和煩惱泉湧而出；於是我請求植物靈的幫助和指引，並接收到深沉的智慧。這個練習的目的在於，培養你跟植物之間的關係——物理上、情感上和靈性上。練習獻上你的全心全意（presence）還有不被打斷的完整時間——這是任何關係要成長苗壯都需要的。

智慧女人療癒傳統
The Wise Woman Tradition of Healing

智慧女人療癒傳統是個古老民間藥草和傳統療法的傳承，也是我們在這趟旅程所扎根的土壤。儘管名稱是由藥草師蘇桑・野草（Susun Weed）定下的，這個傳統長久以來一直是個沒有名字的世界觀，囊括耆老、產婆、藥草師、祖母、智者還有薩滿持掌的民俗治療方法。這是最鮮少被記錄下來的醫療體系之一，而其中一部分的魔力就在於：它在滋養和修復不可見的

網絡中移動，遠離鎂光燈下的醫療模型；它們閃光的中心是治療師的權力和英雄主義。雖然廣不為人所見，它卻是我們人類療癒經驗的根本。

認為自己屬於這個傳統的實踐者，會透過滋養的方式治療，透過支援他人的蛻變、賦予他們力量，使其和內在的智者連結，和他們自己連結也這是一個沒有階級的療癒與再生世界觀。力量不在治療師身上；而是在自己身上。智慧女人傳統的「解藥」是深層的滋養。我們用自己的身體傳遞療癒、愛和養分的能量，一如我們同樣消化這些來自哺育我們的大地能量。

智慧女人的角色在於支援蛻變，無論形式，包括死亡和疾病。死亡和疾病不被視為敵人，不需要被修理好、閃避或不惜代價擊退。它們被視為蛻變的載體、信使和老師，有的時候甚至是強大的盟友。我們持續地在讓自己重生，重建自己的世界，在細胞和靈魂層面都是。認識、尊敬自然的一切循環，以及在其中移動：在這之中有著力量與恩典。

這是一個以女性為中心的傳統，但從

沒有任何性別被排拒；這個傳統根植於對陰性能量的深度崇敬。一如藥草師蘇桑‧野草的美麗話語所述：「女性能量是所有存在中的空無——吞噬一切的空無、生下一切的空無。在智慧女人傳統中，所有健康、所有走向健全的路，都肇始於回歸空無。」

身為智慧女人傳統下行醫的藥草師，我和植物一起工作，和他們的身體和一起；我在神聖空間中調配藥草。從植物和大地那裡，我不斷得到的最強烈的感受是：他們的慷慨竟是如此無限。我們運用生態上非常充足的植物——也就是雜草、「入侵種」，而不是某些稀有的藥草根部，因為流行而瀕臨絕種。療癒是屬於每個人的，我總是對於這點深深地讚嘆。這個世界的植物想要治療我們、想要我們吃下他們、想要我們照料他們、撫摸他們、給他們愛。植物和人是被造來照顧彼此，還有吃食彼此的——畢竟，我們分享著呼吸的親密性。植物的每一口吐息，都是我們吸入的新鮮空氣；我們的每一口吐氣，也是他們的呼吸。

植物教導我們怎麼照顧彼此。為我們所愛的人服務、為那些需療癒與支持的人、為植物、大地與神靈：從這裡出發，我們像魔法一樣創造蛻變，走向整全與神聖（wholeness and holiness）。

魔法的元素

我們人類和植物、風、星星還有地球

中心的原始火焰，都是由同樣的元素構成的；和四大元素——地、水、火、風，我們與萬物交織在一起。在我的傳承中，四元素分別對應到四個方位——北方、西方、南方和東方。就像樹從宇宙消化、吸收陽光，把和諧帶往大地的電磁場中，我們也使用自己的身體、行動、呼吸和生命，將上層世界和下層世界編織在一起。可以繞著身體畫出一個神聖的輪盤，四個方位圍著我們，第五個方位在上，第六個在下，第七個是我們的心——神聖中心。這就是我們內在神性所寓居的地方；在這巨大三維輪盤的正中心，我們發出平衡、和諧，以及內在寧靜的頻率。

和七方位還有四元素建立緊密的關係，是巫的首要工作。就是這樣，我們把自己的意識編進大地，以及偉大奧祕的意識裡。

劃出魔法圈　Casting a Circle

執行儀式、典禮、術法或調配藥草之前，女巫常常會劃出魔法圈。呼喚七個方位和元素、慈愛的神靈和嚮導，還有讓神聖空間和無條件的神聖之愛共鳴，能將我們織入巨大的網絡中，為我們帶來保護、為儀式的魔法和力量增幅，同時改變我們的心靈和意識狀態，讓我們能透過心來運行能量。

可以把魔法圈實際在地上畫出來、標記出來，也可以只使用能量劃出。沒有起點和終點，圓圈是能量運行的完美容器。在圈子裡，我們作為同等的存在聚在一起，沒有階級；我們一起累積能量，讓它流動以及轉化——一切都在神聖且安全的容器中進行。除非有意識地釋放，任何在魔法圈裡發生的，都會留在魔法圈裡。

劃魔法圈和創造神聖空間有許多方法。呼喚能量時，記得使用清晰、意念明確的話語；尤其將意念說出、說入神聖空間時，使用像這樣的句子：「（願）與神聖的意志一致」、「若這對所有涉及的人都是最好的」。練習把話語運用得無懈可擊，並把你創造的空間調整到愛的頻率。

在教學或進行團體儀式的時候，我們會圍成圓圈站著，然後由我使用鼓呼喚所有相位，向各個方位禱告、召喚諸方元素與慈愛的神靈。呼喚相位是透過聲音和意念的振動所發出的禱告——發自內心，直接向元素和神靈訴說。雖然聽起來很有詩意，但呼喚相位不是在朗誦一首詩；而是發自你自己祈禱的心，喚來各方能量。每當我完成一個方位的呼喚，我的學生會一起重複對每個方位的結束語，然後我們會敞開掌心，從東方開始順時針旋轉，依序呼喚四個方位，接著是上方，再接著是下方，並結束在我們的心——神聖中心。一個人時，我通常不會繞著圓圈移動，而是作為中心，將魔法圈設立在我的周邊。以下是篇你可以使用的祈禱文，也能從中汲取靈感，創造自己的禱告。

巫團魔法圈劃設

我們站在一起，完全處在自己的身體裡，透過我們接地的繩索（grounding cord）根植大地，頂輪向天上敞開，並隨著呼吸進入我們的心——神聖中心。

一起摩擦雙手，我們打開手掌心的能量中心，然後面對東方。

東方的神靈，風的能量，我們呼喚你進入這神聖的圈子裡！以我們的每一口呼吸，請你打開我們的心、讓我們的心智變得清晰；讓我們的靈魂飛翔天上，讓我們能夠從上方以鷹隼的視角觀看整體。我們呼喚東方的好友——翼族、聖煙、山頂與風、攀向天空的藤蔓，充滿信任、狂野、旋舞毫無顧忌。

一起，我們說：「東方的神靈，風的能量，歡迎你們來到這神聖的圈子裡！」
（吸氣，將祂們帶入。）

南方的神靈，火的能量，我們呼喚你進入這神聖的圈子裡！請你活化、喚醒我們存在的每個細胞。我們是轉化的容器，賦予我們力量，讓我們能夠燒去阻礙我們最大成長與最純粹展現的一切。願我們能如鳳凰從豐饒的灰燼中重生，充滿動能，燃燒激情與奉獻，閃爍著我們獨特的光，毫不抱歉而且慷慨地把自己的禮物分享給世界！

一起，我們說：「南方的神靈，火的能量，歡迎你們來到這神聖的圈子裡！」
（吸氣，將祂們帶入。）

西方的神靈，水的能量，我們呼喚你進入這神聖的圈子裡！讓你深邃的奧祕充滿我們內在的汪洋，讓我們得以汲取深厚的直覺。我們為所有溪流與河川禱告，願他們都能自由狂野地奔流；願慈悲與愛能毫無限制地流動；我們也向那神聖的海洋致敬，所有生命都來自那裡。我們呼喚雷雲、洗滌的雨、新生的河、我們的手足魚群、海豚和鯨魚，還有那些在月光下綻放的花朵。讓我們變得柔軟，打開我們的情感，讓我們成為帶來新生的人吧！

一起，我們說：「西方的神靈，水的能量，歡迎你們來到這神聖的圈子裡！」
（吸氣，將祂們迎進。）

北方的神靈，地的能量，我們呼喚你進入這神聖的圈子裡！植物盟友、樹木老師、野草、石頭、泥土、真菌以及綠色的療癒者，歡迎，請接受我們的敬意。我們呼喚自己腳下這片土地的靈魂和植物靈。願我們作為守護者、照顧者和學生前來，輕輕行走在這裡，赤腳親吻著大地。願植物靈指引我們方向、治療我們，並將我們更深地織入生命的巨網裡，讓我們的存在能夠哺育大地，我們的母親。

一起，我們說：「北方的神靈，地的能量，歡迎你們來到這神聖的圈子裡！」

（吸氣，將祂們迎進。）

天上的神靈，我們呼喚你！我們呼喚那旋舞的星系、月亮還有給我們生命與能量的太陽。我們呼喚守護天使，還有任何願意參與儀式、幫助維繫這守護的容器的慈愛神靈。

一起，我們說：「天上的神靈，我們守護天使、植物靈和指導靈的能量，歡迎你們來到這神聖的圈子裡！」

（吸氣，將祂們迎進。）

地下的神靈，我們呼喚你。我們頂禮於腳下層層的記憶、泥土、基岩、石頭與骨。向那些行走於這片土地上、照料著她的前人，我們致上敬意，因為你們今日我們才能在這裡。祖先古老的神祇，歡迎。願你們能夠聚在這裡，從我們的禱告與在場接受供養。我們邀請你的低語，將你們悠遠的時光傾訴到我們的骨子裡，幫助我們想起。作為現在生活在這裡的人，我們請求你的祝福，將過去的藥織入現在這個當下的深刻，好讓還未問世的那些在未來能擁有生命和魔法。讓我們成為橋梁，此刻與我們同在。

一起，我們說：「地下的神靈，我們祖先的能量，歡迎你們來到這神聖的圈子裡！」

（吸氣，將祂們迎進。）

神聖中心的神靈，我們的心之能量，我們呼喚你。神聖的、綻放的心，願你如

夏日的玫瑰舒張，釋放甜蜜的氣息：那是對最神聖之歌的純粹皈依。願我們的心聯繫在一起，和大地的心跳和諧律動，願我們的心開放，像無垠的群空。我們呼喚神聖的植物盟友，聖羅勒、玫瑰、埃及藍睡蓮，懇請無條件的愛成為我們心的旋律。

一起，我們說：「神聖中心的神靈，我們的心之能量，歡迎你們來到這神聖的圈子裡！」

我們的圈子就此劃下。
我們在世界與世界之間。
世界之間發生的，影響著所有世界。
AND SO IT IS!

打開魔法圈

完成儀式之後，我們會打開之前劃設的魔法圈，並感謝各個方位、元素精靈、慈愛的神靈，以及所有參與儀式和維繫神聖容器的可見與不可見的存在。

劃出魔法圈時，我們從東方開始，順時針移動，創造一個密閉的神聖魔法空間；要打開魔法圈，就要從北方開始逆時針移動，感謝各個方位，釋放、用呼氣送走能量，然後化解建立起的空間。

「願我所說的一切、我所想的一切
都和你和諧共鳴，
於我之內的神、於我彼方的神
造了樹木的人。」
—— 契努克（Chinook）禱詞

創造神聖空間

透過內在創造神聖空間，我們才能在自身周圍創造神聖空間（用來進行儀式、調配藥草、禱告等等）。創造神聖空間從改變意識狀態開始。想想你是怎麼讓心靈的繁忙沉靜下來的；留意你變深、變慢的呼吸是怎麼影響你當下能量的性質。什麼能幫助你更完全地回到自己的身體中呢？什麼能打開你的心，讓你跟神聖聯繫呢？

能帶領你進入冥想狀態、心扉敞開的特別意識狀態的行為，都會成為你的工具。創造一個儀式並重複進行，透過這種方式訓練自己的心靈，讓進入這種狀態變得更簡單、更快。就我來說，每當我點燃

焚燒祝福藥草的木炭，這樣的轉變就會發生—— 我整個頻率都改變了，而且我體內的每個細胞都知道了我要進入深層時間、進入儀式。進行這個行為時，開始想著日常生活的繁忙思緒，對我的心靈來說幾乎是不可能的。這一個不斷重複的行為，已經在我的心靈中創造了新的神經傳導路徑了。

祝福藥草、煙薰儀式與聖煙
Blessing Herbs, Smudging & Sacred Smoke

燃燒聖樹脂和芳香藥草是個簡單又美麗的習俗，能改變空間或我們靈魂裡的能量，物理上淨化空氣，還有將我們的禱告與存在編織進大地的神靈之中。

乳香、沒藥、科巴、祕魯聖木、雪松和白鼠尾草是幾個最有名的古老聖煙，目前仍在儀式中焚燒，數千年來在全世界被交易著。前三種都是樹脂—— 也就是乾燥的淚滴狀樹液，可以放在炭火上燒；面對這些樹脂結晶珠當中任何一個，都應該帶著敬意對待，並以道德的方式採收。就在本書寫作的時候，乳香、祕魯聖木和白鼠尾草已經遭到過度採收了。今天要取得這些藥草，簡單便宜得不成比例。儘管請這些樹脂的幫忙是我訓練的根基，但現在我更偏好依賴當地的祝福藥草，由我親自以道德的方式從當地植物身上採集，避免他們因為分享自己神聖的藥而受到傷害。

神聖樹脂幾千年來一直都被用於物質上或靈性上的淨化，或稱為煙薰儀式。他們有消毒殺菌的功效，甚至能夠活化我們的免疫系統，幫助抵禦疫病。這讓他們不僅在靈性上，連物理上都能淨化。聖經中的三聖王送給嬰兒耶穌乳香和沒藥並不奇怪；對那個時代出生的嬰兒來說的確會是很好的禮物——尤其對於在馬槽中生下的孩子更是。任何帶來這些藥草的人都很有智慧，那樣的空間必須淨化，並為新生兒喚來天使的守護。

不過，我開始燒這些聖樹脂的時候，馬上就感受到他們的靈性功效，在家中，也在心中。這些聖樹脂能喚來神靈。每一種都帶有不同的能量。對我來說，科巴能帶來祖靈和大地的神靈；這是一種來自中美洲的聖樹脂，燃燒時能喚醒那些土地和地方的神靈。

乳香有更高的頻率，煙比較少，且更有柑橘香氣。他是我換新、活化居家空間純淨能量的好夥伴。有了他，我的家——我的巢、避風港、儀式、休息和重生的所在——就能獲得神聖庇護所的頻率。難怪教堂或聖地等神與聖靈的寓所，時常焚燒乳香。

經過多年和聖煙一起執行儀式，我也學習了採收方法，並開始依賴自己採集的祝福藥草。這能確保我們之間關係的純淨，而我不會因為購買這些親愛的祝福藥草而造成傷害。

我最喜歡的樹脂之一就是松樹脂。道德採收自己的松脂很容易，因為這種樹非

常充足。松樹的枝幹被砍下或斷裂時，會從他的免疫系統送出汁液治療傷口。絕對不要直接從樹上拿走樹液，因為他在保護樹的傷口避免感染，而且也很黏，很難使用。可以讓指尖在樹根那裡遊走，你會發現有些小淚滴落在林地上乾燥了——這些就非常適合帶著禱告、獻上感謝的供品，然後收下（見36到37頁神聖採收）。他們也不黏手，適合保存。

我也自己栽種和採收白鼠尾草。我總是教導學生不要在野外採集我們親愛的白鼠尾草，因為，跟乳香一樣，他已經被過度採收了。關於如何以道德的方式照料植物，請參考45到46頁。

最後，常綠樹木，像杜松和雪松，跟艾草以及其他艾屬植物，都能做成非常好

的薰香，很適合當成祝福藥草焚燒。這些植物都很充裕，可以使用第三章教的道德採收法採集。

能在釋放香煙時帶來最大祝福的，是那些和你有著親密關係的藥草——那些你在禱告中、在神聖的聯繫中採收的藥草。在相互關係裡，將自身奉獻給你的這些植物，隨著你請求療癒的禱告燃燒成煙時，會在甜美的解放和煉化中得到釋放。

第3章

與身體連結的藥草櫃以及
魔法基礎要素

要真正地了解世界，
得深深地向內凝視自己的存在；
要真正地了解自己，
就對世界帶有真切的興味。

—— 魯道夫·史坦納（Rudolf Steiner）

在我們行經季節的旅程中，花園和荒野的植物會向我們展示：大地的生命能量如何從深冬的根部出發，抵達春天新鮮誕生的嫩葉，經過夏天狂喜的花朵與完熟的碩果，又在秋天化為種子，落入夢中、進入泥土肥沃的黑暗中。

身為調配藥草的人，我們會跟處於巔峰時期的植物一起工作，製造最強效的藥；我們也學習植物的語言，了解他們什麼時候做好了準備，殷切渴望參與，唱著他們的療癒之歌。當我們一起度過這一年，你的藥草櫃規模會有所成長；你在將來的許多時節，也會有許許多多藥草。專注於和你深愛的植物還有土地建立神聖而親密的關係；他們會引導著你的心和雙手，調配最精緻細膩的藥和療癒。

神聖採收

有時候，置身於跟植物的能量交換和相互關係這樣充滿魔法的體驗中，採收植物的物質身體，感覺就像是自然而然的下一步，而我們是被引導著那麼做的。無論你從自己的花園還是從野外收成植物的身體，記得永遠都要遵循特定方法，確保你在和諧之中採收，而且取得植物靈的同意，這也是他的參與。

在禱告中調製的藥草——從採收到裝罐——能量上和靈性上遠比大量萃取的藥強大得多。當你把自己的荒野之心和禱告織進你做的藥草和你照料的土地，就會發現這點。用這種方式調製藥草總能夠深深觸動你，並讓愛和連結滿溢你的心。這是一種不僅僅含有生物鹼和有療效的化學成分的藥，其中也充滿了植物的靈、你禱告的頻率，以及你和土地之間關係的魔法。

準備採收時，先淨化自己；你正要開始一場神聖的交換與典禮。例如，可以帶著意念沖個澡，請水洗去任何繁忙或混亂，讓你能找回純粹，向植物敞開。或者，也可以用聖煙或聖樹脂煙薰自己，用鼠尾草、雪松或柯巴這類植物的煙清理你的能量體。也可以單純坐在土地上，沉澱到自己的身體裡，把雙手放在心上，透過禱告、意念和簡單的冥想，將意識帶入心輪。祖母教導我們：絕對不要在生氣、著急或任何不是充滿感謝的狀態下採收植物。

一完成連結意圖和心中謙卑的感謝，就能拿起提籃、祭品、水和刀具，出發尋找植物了。如果在野外，請願意被採收的植物呼喚你。然後開始行走與聆聽，感受自己怎麼被牽拉和引導。如果要拜訪一片你在野外照料的植物，像拜訪老朋友一樣前往，帶著禮物、心中充滿喜悅，還有彷彿第一次造訪他們的開放心態——沒有臆想，而是傾聽他們想分享的訊息或要求。

採收前，綠巫永遠都會請求允許。有一次，我住在北佛蒙特時的一個美麗的春日，我計畫好去採收蕁麻，然後下午在家處理，把一些蔭乾未來幾個月使用，也做點藥草醋和青醬。我特地空下了一整天。準備好後出門，開開心心地唱著歌，前往我最愛的一片蕁麻。抵達之後，我見到了這些朋友又美又綠，繁盛又動人。我的心中喜悅滿溢，於是我在那坐下，靜下來、和心連結，說出意念和禱告。接著獻上祭品，用手環繞一株植物，把他捧在掌心，然後閉上眼睛，從我的心傳送出請求：「哈囉！親愛的朋友。是我，瑪麗莎，好高興能跟你聚在這裡。你看起來好美、容光煥

發呢！我今天想要製作一些藥草，做點藥草醋跟朋友分享，用你的礦物質強化我們的骨頭；做點茶，讓我的細胞像你一樣唱著綠意和純粹；還有青醬！喔！我是多麼愛你的青醬啊！真是等不及請我朋友一起享受你的藥草和愛了！能不能請你讓我拿一些葉子、讓我收成呢？」

我每次都會從這片蕁麻感受到一聲開心的「好啊！」，然而那時候我聽到了溫和但清晰的「不行。今天不行。還不行」，老實說感覺真有點洩氣——我已經計畫好一整天來處理蕁麻了。但我當然還是聽了，並用愛跟感謝回應那個明確的回應，然後回家。幾週之後，我在洗碗的時候看著遠方的山丘和日光，感到蕁麻從森林呼喚和心中的一股悸動，於是我帶著提籃又進入林子。他們就在那裡，帶著新鮮成串的綠色種子，像珍珠耳環一樣顫動著。他們欣喜若狂，感到他們能量達到這樣的巔峰狀態，我的心也在喜悅中怦怦跳著。他們對我說：「就是現在！現在採收我們！」他們也跟我分享，想要在我收割前結種子，這樣我就有他們春天的新鮮綠葉，還有藥效強大的綠色種子能入藥。之前我只有用春天的蕁麻綠色嫩葉調配藥

草，但那年我也用了他們的種子調製了一批藥草，能貯存許多年。

像園藝家一樣採收，促進更多成長

很多藥草師被教導：如果植物的藥用部位是地上部分（暴露在空氣中的部分），採收時應該把植物完全收割，直到地面。然而，我建議你像修剪植物一樣來採收，讓植物能夠繼續生長，甚至能因為溫和的修剪得到益處，成長得更完全、更有活力。這表示通常我會採收植物頂端三分之一的部分，也是最有生命力的部分，修剪到結點，鼓勵植物枝葉擴張，繼續生長。

注意植物的能量在哪；跟隨本書中季節的智慧。如果是春天，你可能會看見植物的氣以鮮嫩的綠葉表現。稍稍剪去一些嫩芽使用，讓更多綠葉生長。如果是夏天，植物很可能朝向太陽奮力生長，比一年中的前一段時間更巨大。如果植物現在把能量用來生成花朵，葉子可能更乾燥，也沒有那麼有生命力。

再次強調，如果要收成花朵，確定採收時沒有留下可見的痕跡，並且也為蜜蜂和植物本身留下充沛的花朵。像金盞花這

個例子，你可以摘下花朵，然後剪下花莖，這樣植物就不用努力讓沒有花的花莖維持生命。

在秋天，我們會把植物修剪乾淨，讓他們的能量能跟著大地秋天的深呼吸下沉，在冬天進入作夢的根裡。植物的地上部分看起來死去時，我們會挖起能入藥的根。大多數的時候，收割植物的根會把整株植物挖起；多數植物會因為只收割部分根部，而不是整個根系而受到創傷，但康復力根（見 214 到 215 頁）是個例外。康復力反而會因為受到擾亂而蓬勃生長。她剛好也是我最愛的植物盟友之一──經歷創傷、自我的死亡或失根之後，我會在自己需要長出新的、強壯的根時呼喚她。

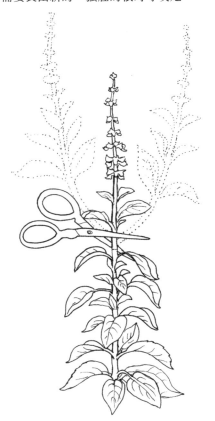

神聖採收一步一步來

在神聖採收的過程中，給自己足夠的時間；關係建立於奉獻時間、注意力和愛，這些讓信任、對話、成長和魔法得以發生。

1. 清理自身能量，讓自己帶著一顆純淨、充滿感謝的心開始。

2. 準備好祭品、水、園藝剪刀、提籃和你的手札。我有一個禮物袋；我會在裡面放進特別的乾燥花朵和藥草、聖灰、水晶、貝殼或其他自然的贈禮，或有意義、具有特別力量的儀式殘留物，這些都能作為祭品。在第五章，你會找到一些建議，教你怎麼做自己的禮物袋。如果我接收到驚喜、預料之外的採收要求──例如在健行的時候──我會用水供養，如果我身上有水瓶的話。植物很愛水這份禮物，尤其是在野外。或者，我也會獻上一首歌或一份禱告。我的祖母教我拔下自己的一小束頭髮當禮物；有時候我也會把自己的頭髮編進植物或野地之中。

   請總是運用直覺，讓心指引你。

3. 出發去尋找植物。如果在野外尋找，確定要採收的植物數量充足，以免傷害植物族群和生態系統。如果只看見幾棵那種品種的植物，就不要採集；但很鼓勵供奉祭品、分享時間和能量。永遠不要採收車道旁、大路邊，或其他受到汙染區域的植物。

4. 抵達你想要採收的植物身邊後，創造神聖空間。可以用禱告、呼喚各相位、焚燒祝福藥草，或搭配以上這些方法來創造。

5. 如果過去沒見過面，先向植物介紹自己。如果是你花園裡或你照料的野地植物，像對老朋友一樣跟他打招呼。

6. 和植物說說話；打開心胸分享。為什麼你來到這裡？你有什麼壓在心上的事想說出來、想釋放嗎？你在為某個需要幫助的人提出製作藥草的請求嗎？大聲說出你的願望（可能的話）或耳語，或在心中的寂靜中訴說。

7. 說出你的意念。如果知道自己要做什麼樣的藥草，就告訴植物；還不確定也沒關係。可以跟植物說，你想要調配一些藥草，然後問他有沒有什麼建議或指示，可以怎麼運用他。我有些最好的配方都是植物直接交給我的，就在這一刻的傾聽之中。

8. 獻上祭品。我們絕對不要在沒有給出禮物的情況下拿取；帶著敬意，並記得我們一直都處在交換之中、處在互惠的關係之中，為了創造平衡和健康的關係。然後我會從禮物袋裡拿起一大撮混合物，湊近唇邊，低聲禱告，祝福植物能欣欣向榮，受到我全心全意和他們相處的供養。我也會為任何不周之處請求原諒，同時請求植物感受我自己，以及我人類同胞的愛和滋養。把祭品撒在植物根部或埋下之前，我也常常把它帶往心和子宮的位置。

9. 請求允許。這時我會閉上眼睛、隨著呼吸進入心和身體、進入肚子，還有坐在大地之上的肉體之中，最後進入雙腳。然後我用雙手環繞植物像把他捧在掌心，或者用眉心靠著植物，和他對話，請求允許，等待感受到「好」或「不好」。永遠都要聆聽植物，因為你正代表全人類建立著信任關係。

10. 以一顆開放、感謝、聆聽的心，採收。

11. 像園藝家一樣採收，而不是消費者。36頁有更多相關內容。

12. 以「沒有人能看出有人來採收過」這樣的方式採集。穿過整片植物，聆聽你的直覺，這裡那裡分別修剪一點；不要在同一個區塊一次採收一大把，留下一個「空位」。基本原則是：永遠不要採收超過一片植物百分之十的量。想想那些可能跟同一片植物也有來往的動物或昆蟲。

13. 採收到你感受到「夠了」的訊息。永遠不要拿走比需要的還多。

14. 透過採收藥草，你也承諾完整使用所有的植物素材，沒有任何一點浪費。永遠遵守你的承諾。

準備你的家庭藥草櫃

你的藥草櫃裡將會藏納各式各樣充滿魔法的煉金術產品，在季節的門扉打開時製成，和你的花園、心、意念，還有你深愛的荒野串聯。

你不會需要很多工具，但有一些特別重要。

玻璃罐　我們在玻璃罐中炮製藥草，所以留下舊瓶罐，重複使用。請勿使用塑膠瓶。

發芽蓋或寬口濾茶器　這些配件無比實用，因為它們跟寬口梅森罐（mason jars）匹配，可以讓任何罐子變成茶壺使用。或者，你也可以使用另一個篩網過濾藥草茶。

堅果奶袋 [6]　用來過濾藥草，擠出所有液體很實用；當然也可以拿來做堅果或種子奶。粗棉布是另一種選擇，但比較容易弄得到處都是。

陰暗的櫥櫃　用來貯存你的藥材和藥草，避免日曬。可以把他們裝進玻璃罐中，或放在塑膠袋裡；網購時藥草常常會被放在塑膠袋中送到。如果放在袋子中，盡量把空氣擠出——這樣能讓他們保存得更久。

深色滴管瓶（例如深琥珀色）　你的藥草完成並可以過濾時，就能把他們裝在這些酊劑瓶裡，然後放在包包中隨身攜帶，或在廚房平台上擺出來。深色瓶子可以防止光線直射。

標籤和膠帶　永遠把你的藥草貼上標籤！女巫總是覺得自己會記得在哪裡做了什麼，但實際上常常忘記。每個標籤都應該包含：

· 新鮮（或）乾燥〔植物名〕
· 基底〔溶劑：80 proof 伏特加／蘋果醋／生蜂蜜等等？〕
· 製於：〔日期〕（也記下是滿月或新月、大地聖日、或任何關於意念的資訊），〔地點〕

採收提籃　也可用紙袋替代。塑膠袋不適合，因為植物會很快萎掉、發霉。

乾燥架　如果打算乾燥很多藥草的話就需要。我喜歡圓形可折疊的乾燥架，因為可以掛起來，又能收納起來，它們也有網狀夾層能保護植物。總是在遠離陽光、空氣流通的空間乾燥藥草。雖然在家裡掛著一束一束的藥草很浪漫、很美麗，但我只會為了裝飾那麼做。因為這不是一個很實際的乾燥藥草的方式——會積灰塵，掛著太久陽光也可能損壞藥草。真的要掛藥草，也要在空氣流通的陰暗房間掛。把藥草鬆散地放在牛皮紙袋中，每天搖一搖也是個實用的乾燥法，尤其是在旅行的時候。車子也是個乾燥溫暖的地方——如果你把藥草放在牛皮紙袋裡，就能把車子當

---

6 譯注：用來榨堅果奶的麻袋，跟豆漿過濾袋作用相同。

成大型烘乾機；常常一天就能乾，之後你就能適當存放起來。

一副好園藝剪刀 要能夠俐落剪斷莖葉，避免採收時讓植物受傷。

一個裝祭品的袋子（見夏季配方，134頁）。

祝福藥草 這是根本且神聖的工具和習俗（見冬季配方或31到32頁）。

禱告 儘管是個目不可見的工具，開啟神聖空間是我們把藥草和藥草櫃編織到生命巨網的法門。

將你的身體視為藥草櫃

透過植物、你的雙手、禱告、呼吸和心跳，藥草櫃和你的身體聯繫在一起。你的身體是你最種要的工具之一。我們肚子裡的火是原初的大鍋，我們照料著自己的火焰，來轉化來自人生的各種能量、情況和課題。

而如果你無法隨著呼吸進入其他領域，你也無法影響其他世界。

呼吸，也是魔法的基本工具，一如冥想、改變意識狀態、療癒、譚崔——這些都能讓我們的能量從小小的人體向外移動，把我們織進生命的巨網裡。

土地是活生生的藥草櫃

你的藥草櫃是煉化過的土地、水、月亮和時間的流逝。你的酊劑、魔藥、藥膏等等當中的每個材料，都和一個特定場所、人群和生態系統聯繫在一起。我們用來炮製藥草的溶劑（menstruums，或用來萃取植物藥性的液體）——例如蘋果醋、伏特加和蜂蜜——也都充滿他們自己的靈、土地、文化、傳統、人們的能量、蜜蜂的神聖之歌，和在黑暗橡木桶中發酵的歲月。因此，加入這些最特別也最神聖的材料吧！他們就像金色的絲線，把你所有的創造和魔藥都編織在一起。向他們所來自的地方致敬。

自己種植藥草也是個充滿力量的方法，能把更多魔法織進你做的藥裡。你可以只照料一個小花園，甚至一個陽台。如果沒有空間，可以跟朋友在某人的後院開始種一個社區花園，然後分享照顧它的責任和喜悅。或和既存的有機農場聯繫，詢問能不能和他們合作，在蔬果旁種一些多年生藥草。這樣是個雙贏，幫助他們吸引傳粉者，同時維護土壤健康。

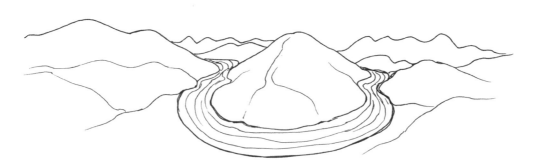

儀式物件：來自一塊石頭的一課

有一天，我發現自己深陷在冬天的陰性能量中。正好是冬至過後幾天，而且有一陣子我沒有外出到新鮮空氣中活動活動了；所以蓋亞和我體內的能量都屬陰，又緩慢。我知道自己需要吸收一點冬季的陽光、活動身體、喚醒心靈、提高心律，啟動我的能量。所以我和姊姊一起出門健走。走了幾哩後，附近的山峰呼喚了我。我脫離路徑，穿過樹林前去。能量在我體內和周遭開始提升；想法開始湧現、靈感乍現，而當我向下看時，我看見一塊岩石，雖然跟任何石頭看起來都一樣——屬於這座山身體的一部分——但這塊石頭特別呼喚了我。

於是我把他拾起。他完美吻合我的手掌，我感覺他會非常適合用於儀式。

我的血液湧動著；我的能量體開始膨脹；我感受到能量是多麼容易就轉移到這塊石頭中。突然我理解到，所有儀式物件之所以成為儀式物件，是因為我們將自身也編織進入其中。我們可以那麼做，是因為我們天生就是由同樣的事物組成的。

我們被教導使用的儀式物件，像是大鍋、鮑魚殼或羽毛，一當他們進入女巫的臂彎之中，他就會感到一分熟悉，讓能量得以傳遞。能量能夠轉移，也能夠在女巫的身體之外繼續它的轉變。所以它能夠在時間和肉身的法則之外運行。

貝殼在心中喚起洗滌、豐饒和水的儀式，還有我們海洋般的子宮。我們腹中的火焰，我們的激情和意義，在燭火中看見自己。當我們拿著一扇翅羽，在對翱翔的存在的敬畏之中，心變得柔軟。我們的靈魂膨脹，呼出禱告、願景和渴望。

石頭告訴我：「把妳準備好釋放到永恆之中的能量移轉到我的身體裡。然後把我丟進一條荒野的河。我會讓妳的這些部分淹溺，河流會洗滌換新能量，直到永遠；而讓一部分的自己沉沒在溪底，妳就能更輕盈地繼續生命。」

女巫的工具：他們會來找你

一個女巫最重要的工具是她的身體、她的呼吸，還有對自己神經系統的駕馭。女巫汲取她和靈與大地的相互連結，然後通過自己從可見與不可見的世界移動能量，創造療癒、轉化和魔法，先是在她身體之內，然後在身體之外，依循著唯一的規則：「不去傷害」。

有些工具，像是大鍋、掃帚、魔杖、五芒星盤、儀式匕首和聖杯，廣泛被認可並使用著，但對於實行這門技藝並不是必須。隨著人生旅程前進，女巫也用有機的方式蒐集工具，用蛻變的緞帶把魔法和世俗編織在一起。是透過讓工具自己來找到她，天時地利人合，這些工具才有力量和更深的意義。他們從巨大網絡汲取的能量延伸到她的意志、意念和慾望之外。這些工具之後就能用在儀式中，幫助強化意念的力量、專注力，還有體現的能量。

大地即戀人，自然即親愛的
Earth as Lover, Nature as Beloved

學習去愛跟你有著親密關係的土地，也允許大地愛你。我們遺忘了把大地當作母親、戀人和孩子一樣去愛；忘了和她處在互相、充滿感受與愉悅的關係之中，敞開自己，讓大地的觸摸、愛、哺育還有靈魂帶來轉化。

現代人時常沈浸在過於浪漫的故事裡，期盼找到能滿足我們所有需求的「完美伴侶」，但要一個人來扮演好所有角色是不可能的——這樣的期待往往會帶來悲劇。但我們可以從各個方面，從可見與不可見、從他人或我們自身收到愛和支持；我們可以愛人類或非人類，也能被他們所愛，同樣也能夠在大自然的愛裡找到深厚的滋養。

當我的學生發現植物靈能夠以人類有時做不到的方式愛他們時，發生了許多革命性的療癒。多虧我的工作，我能見證這一切。我見過無數人在和植物的冥想中，收到充沛的母愛，而那是他們靈魂一直渴望卻從未獲得的。有些植物能點燃我們的熱情，像人生教練；很多能哺育我們、治療我們，像祖母一樣，用治癒的、無條件的愛擁抱我們，而那樣的愛在人類的世界中有時很難找到。許多我幫助過的性侵害生還者，發現植物盟友能幫助他們以安全的方式喚醒感官享受，讓他們能夠和愉悅再次連結。更有些植物能夠安定神經系統，讓我們沉澱下來，回到自己的身體，提醒我們身體是個安全、能夠好好待著的地方。

自然即親愛的：一種實踐
Nature as Beloved: A Practice

確立意念，花一個月的時間，拓展自己從人類以外的領域接收愛的能力（春天最理想，但任何時候都可以）。每一天都把自然中的某個新面向當作心愛的人體驗，然後在手札中記錄追蹤。用自然的方式開始——例如，留意到太陽正溫暖著你，感覺很好，所以就讓太陽成為你心愛的人。投入和太陽的能量交換大約十五分鐘；像跟心愛的人一樣跟他打招呼——是的，真的去說：「哈囉！太陽，我心愛的太陽。歡迎你進入。謝謝你溫暖的觸摸，嗯……感覺真好……」就這樣繼續。或許你決定橫躺在草地上，輕輕移動身體，用不同的姿勢擁抱太陽；又或許你想到一棵樹下，開始跟灑在臉上的光線玩。看看這麼做會帶你到哪裡。用好奇心取代批判，和那親愛的遊戲吧！

體驗自然中心愛的人的其他可能途徑：浴缸中溫暖的水、花園中的一朵花、

寵物或其他動物、風、音樂、藝術、樹木、石頭、按摩油、一塊巧克力、海洋、植物靈冥想，還有好多好多。

你的花園就是你的連接點
Your Garden is Your Access Point

我的花園曾經告訴我：對於我，它就是大地之母的肚臍，有一條隱形的臍帶把我跟我的花園聯繫在一起，也因此把我跟蓋亞所有的滋養、魔法和祕密繫在一起。我發覺這的確是真的，所以我把花園當作執行儀式最神聖的「門」來照料，當作教導我宇宙奧祕與真理的老師。我用親吻土地的赤腳進入花園，也帶著聆聽樹葉的指尖。

園藝是儀式、是禱告。當我花園中的植物開始把氣收回體內，而他們生長過度的枝幹開始乾燥凋萎時，我就會帶著剪子或聖刀進入花園，創造修剪儀式，剪去夏天把我們推向膨脹的那些部分；同時反思自己持續在做的、在一年中太陽能量巔峰時全心貫注的那一切。

接著，帶著明確的意念，說出我不會再繼續做的事，並以刀刃割下植物，讓自己能夠抵達存在更深的地方。以神聖、儀式化的方式照料花園，能幫助你轉化自己和周遭的世界；你的花園也是大地身體的一部分，一個跟大母親禱告還有說話的完美地點。

在我設計的所有花園中，我都會創造一個特別的地方，作為肚臍眼、耳朵、心跳、連接點。我自己的花園中也有個特定的地方，用來禱告。我喜歡讓這個地方夠大、夠柔軟舒適，這樣就能趴臥，肚子朝下躺著。我使用的兩個最強大的儀式，包括釋放儀式，還有負疊的埋葬儀式，其中都會把話語說進大地的體內。這個神聖的行為能用於任何目的和任何禱告，用來釋放身體中的負擔和悲傷無比治癒，也是個絕佳方式用來訴說我們希望實現的禱告。在174到175頁傳承大地私語儀式吧！

照養野地
Tending Wild Places

去認識周遭的荒野和無法被馴服的土地吧！

定下目標，在今年和兩個這樣的地方建立並培養關係：第一個是距離你家走路就能抵達的地方，像是你院子裡的一處、一條小徑、城市裡的公園、一片空地、自然保育區、一座森林，或一個完好的生態系。另一個是你的心之所向，但開車又不會太遠，每個月都能至少造訪一次的地方。

跟土地建立關係，和跟人建立關係的方式一樣。我們需要貢獻最寶貴的事物來交朋友：我們的時間和全心全意（presence）。認識新朋友時，我們不會期待投射在對方身上，預設對方是怎麼樣的人、我們會建立出怎麼樣的關係——就只是來到彼此身旁，帶著開放的心體驗，給他們能量，看看會產生些什麼。和大地也是一樣的。不帶有任何意圖，僅僅帶著一顆開放的心，還有想當一個好朋友的決

意前往。如果看見垃圾，就把它們撿起；留意植物和樹木，跟他們打招呼；自我介紹、帶點祭品。我會要學生帶禮物給我們學習的土地。我有個親愛的人曾經說過：「真正的禮物送出時，都會帶來一點痛楚。如果沒有，那就不是一份禮物，而只是你想丟掉的東西罷了。」

凱蒂——一個學生，曾在禱告之中於她深愛的土地上採收黏土，捏出一尊女人塑像。她顯然在其中投注了很多時間和心意；然後，在我們向柳樹學習的地方，她把塑像當作禮物送給乾涸的河床。她的愛、時間和願景結成果實，化為雕像，然後在溫柔的雨中融化，現在編織到一旁長著柳樹的河床中。

和選擇的地方建立出關係之後，它會給你靈感，讓你用新的方式跟它互動。做任何事之前，先花點時間觀察。在樸門農法中，我們會觀察一片土地一年——經過所有季節——然後才創造，無論是花園還是其他事物。這樣就能減低風險，避免我們帶著最好的意圖，實際上卻做出對土地沒有幫助的事，或避免沒有以最好的方式運用自身的能量。

每次造訪，你很可能會留意到某些植物，還有他們隨著季節更替的轉變。這就是你能接受到、最好的教育之一。聆聽他們如何呼喚你、引起你的注意。在春天，你可能會發現一些藥用植物、灌木、蘑菇或可以食用的野菜。如果是這樣，請他們教你更多關於他們正在綻放的友誼；如果他們把自身奉獻給你，讓你調配藥草，記得遵照神聖的方式採收（頁36、37）。

成為白鼠尾草的守護者
Being a Steward of White Sage

白鼠尾草（學名 *Salvia apiana*），廣泛用於煙薰儀式，在全球作為儀式祝福藥草有著長久的歷史；儘管原產地是北美和中美洲，許多世紀以來，它的交易遠至亞洲和非洲。南加利福尼亞是我稱為家的土地，這片土地的原住民長久以來都是這種植物的守護者。丘馬什（Chumash）人焚燒白鼠尾草的方式和現在某些人不同；傳統上，一次只燒一片葉子。下次見到一整束白鼠尾草時，摘下一片葉子點燃，你會發現這就夠薰兩到三個人了——甚至一整個

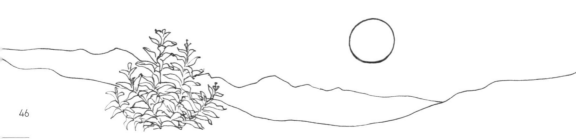

家──不用更多。一如原住民再生的生活方式與自然處於互惠關係（參閱 M·凱特·安德森的《照養荒野》；M. Kat Anderson's *Tending the Wild*），以上傳統習俗讓植物欣欣向榮，維持平衡。

今天，白鼠尾草被過度採收而瀕危。人們前往它豐沛生長的地方，然後採收得太多了。新時代群體中流行起燃燒粗大的成束白鼠尾草，浪費太多這種珍貴的植物。而當藥草學也變得越來越受歡迎後，消費文化便嘗試透過將這株神聖植物商品化來獲利。於是也有了商品化的抵抗──最近在我們的社群中，請願書開始流通，目的是反對把白鼠尾草束、粉水晶，還有其他「工具」包裝在塑膠盒裡以「女巫套裝組」販售的那些公司。侵占神聖器具、有生命的植物，以及礦石是極度冒犯的行為，但透過教育和社會運動，我們能夠為回復平衡、為治療已經造成的傷害努力。

住在南加利福尼亞，我教導學生永遠不要在野外採集白鼠尾草；而是鼓勵他們在自己的花園中栽種，成為它的守護者，教人們如何正確使用、當被濫用時為它發聲、教育他人，並依賴人工栽培的白鼠尾草。在我的藥草舖，我只販售人工栽培的白鼠尾草。除非你是原住民，或和一片你照料的白鼠尾草有著長期、神聖的關係，請盡一份力，透過栽種白鼠尾草回復平衡（它在美國各地是一年生植物，在地中海型氣候區是多年生），一次只燒一片葉子，並且不買野外採收的鼠尾草。

在你的生態系裡，你能成為什麼植物的守護者呢？

第 *2* 部

你的
女巫
藥草櫃

第 **4** 章

———————————

大地魔法與春天的藥
重生與甦醒：欲望與狂喜　|　東方・氣・少女

東方之門一瞥

元素：氣

時辰：黎明／早晨｜上午四點到十點

月相：上弦月

陽曆季節：春天｜三月、四月、五月

大地聖日：歐斯塔拉節（Ostara，春分）｜三月十九至二十二日；五月節（Beltane）｜五月一日

生命之輪原型：少女｜零至二十一歲

能量：漸盈、成長、擴張、好奇、遊戲、純真、令人開心、狂喜、喜悅、充滿冒險精神、導向自我、心態開放、變動、聰明、快速移動、轉變、不定、學習、探索、占卜、想像、願景

療癒藥草：

藥用野草與滋養藥草　蕁麻、燕麥桿、蒲公英、繫縷、覆盆子葉、原拉拉藤、牛蒡、礦工生菜、香菫菜

苦味藥草　蒲公英、艾草、藍馬鞭

消化系統補品　檸檬香蜂草、薑黃、蜀葵、祛風香草如薄荷、茴香、百里香、奧勒岡和薑，以及其他芳香或辛味植物。滋養藥草和適應元藥草也都能調整消化系統

聖煙　毛蕊花、達米阿那、藍睡蓮、美黃芩、西蕃蓮

安神藥草和平衡氣元素的藥草　薰衣草、洋甘菊、益母草、檸檬香蜂草、聖羅勒、西蕃蓮、美黃芩

花園照料：觀察與傾聽；計畫和願景；種植覆土作物；為土壤施堆肥；覆蓋土壤；種下新種子；栽種幼苗、多年生植物、果樹和花；栽種藥用花園；種綠色和各式蔬菜；採收花朵；製作花精；養蜂；修剪果樹

藥草櫃：花精；野外採集藥草；乾燥滋養藥草、用春天的野草泡茶；製作野藥草草醋、助消化的苦味劑、養血糖漿、新鮮青草汁、酊劑和甘油酊劑；採收如玫瑰和接骨木花；採收其他春天藥草，如蓍草、金盞花和檸檬香蜂草

儀式：大地私語儀式；播種禱告；種子儀式；設定意念；豐饒儀式；pysanky（東歐傳統蛋彩繪）；用掃帚、蛋、水晶等等工具進行能量清潔儀式；淨化儀式；藥草浴；更新、重生和慶祝的儀式

Gaia Speaks

蓋亞說……

醒來吧！我親愛的孩子。
大地的女兒，太陽之子
張開你的眼睛，朝向東方，招呼升起的光。
讓第一道光穿透你的心靈。
打開你的呼吸
在感謝中擴大你的心……
因為你得到了重生
在每一天
煥新。

醒來，隨著你內在生命的湧動，
隨著你心臟的跳動。
你的夢是種子，在偉大的神祕
肥沃的黑暗裡。

你很年輕，親愛的
充滿靈感、蓄勢待發
對這輝煌的一天、
對這完熟的一年、
對你璀璨的一生，
其中藏滿比你能想見還多的
驚喜。

伸展成你的甜蜜。
在晨光裡問候你的身體
帶著仰慕的眼睛和歡迎的話語。
每天都是新的開始
每個早晨都是春天的起點
每個春天，少女的能量
年輕的純真
為展開的夢注入生命……

歡迎鳥群的歌、
花朵的綻放、
蜜蜂的嗡鳴
牠們採著滴下的花蜜，當我
大母親，在每個春天甦醒，
流淌著更新與重生的愛液。

讓它們洗去冬季的靜止，
清理你內在的空間，
你存在中最黑暗的房間。
把陳舊的釋放到我堆肥的肉體。
輕鬆自在！
在欲望和狂喜中歡愉！

因為冬天的夜晚
隨著拂曉的光洗去。
夜晚的寒冷
融化在新生太陽的柔軟裡。
曾經種下的種子
穿透我泥膚的表層
而你，我的孩子，正在
綻放……
成為……
更完全的你「自己」。

重生吧！為了讓自己再生，大大敞開的少女！

春天，是整個大自然重生的時刻，也包括我們自己。我們再次甦醒，找回純粹、純真，還有向外擴張成長的純粹欣喜，這些屬於孩子的特質。鬱金香、水仙，和其他在冬季土壤的黑暗中作夢的球根竄出雪地，開心地問候年輕的春季朝陽。花園也醒來了，而蓋亞提供新鮮的野草，他們能夠清理肝臟跟血液，帶走冬天的停滯，為我們的細胞和靈魂帶來重生。

現在是時候蛻下冬季凝滯的舊皮了，還有舊的習慣、陳腐的信念。當年輕的春天豔陽開始成長茁壯，我們也用各種方法、食物還有儀式，鼓勵自己內在與自然中的年輕火焰成長。

少女原型對應到春天之門。有些在這個時候舉行的儀式和慶祝的節日，被設計來哺育少女的生育力以及重生的大地，以確保我們的生存，還有在夏季月分能享受到的滿園豐盛。

所有介於胚胎和豐饒少女之間的階段，都有能教導的事物，讓我們學習在春季月分乘著重生的浪潮，培育正在成長的生命。所以，我們也敬重並照料新生兒和孩童原型的藥與魔法。透過連結純粹的欣喜、隨心所欲的遊戲，還有孩童般的喜悅，我們讓自己煥然一新。

我們通過遊戲學習。通過冒險像少年般開拓自身，我們能夠成長、更認識自己、寬廣視野，也變得更開放、更有技巧，最終也更有智慧。通過更新純真，我們能避免帶著舊有的傷痛和障礙前往未來，也能在關係中、創意和工作上都體驗到春天的復甦。通過擔任自己內在小孩的母親，我們就能從一個豐滿和完好的地方出發，好好成熟，而不會因為夏天之門的責任需要我們的能量時充滿怨懟。

沉浸在內外更新喜悅中的同時，我們也跟春天最早長出的野草，還有花園和野外的滋養藥草打招呼。蒲公英、繁縷、野芥菜、蕁麻和牛蒡，他們喚起我們的荒野魂、清理血液和排泄器官裡的沉積物、喚醒消化反應、幫助我們重生；他們同時也富含營養素、礦物質、維他命和酵素，能讓身體充滿荒野的養分，注入一波綠色能量。

在你的藥草園中，多年生植物將要開始長出新芽了。你也會興奮地開始種下新的種子、用推肥或覆土作物餵養生命力正在甦醒的土壤。果樹將要開花；花朵向你擴大的靈魂歌唱。這個時候是製作花精的絕佳時機──花精是一種能量頻率藥，能讓一朵花的靈魂之歌的迴響頻率，充斥我們的身體和靈魂。

在每天破曉、每個上弦月、每個春季，還有在你人生的青春，東方的重生之門為你敞開。用這段時間來喚醒你孩童般的喜悅和遊戲的感覺，並保護你的純真。用溫和、滋養身心的活動照顧自己，跟隨你的喜悅和歡愉——那都是神聖的。你心中的快樂就像蘋果花，沒有花就沒有果實。

重生吧！為了讓自己再生，
大大敞開的少女！

進入東方之門

東方之門是自然循環中能量漸盈的時期。一天二十四小時的循環裡，在太陽準備升起，還有每個早晨甦醒時，我們進入這道門。

在月亮的循環中，我們隨著在黑暗夜空中重生的漸盈上弦月，進入這道門扉。她逐漸成長的光激發我們為這一個「月」設立新的意念。透過把心裡的禱告編織到天空中，隨著她在夜空中圓滿，我們就能體驗到過去種下的種子神祕發芽。

流年之輪上，春季在北半球涵蓋三月、四月、五月，春分標記春天正式開始（三月十九到二十二日）——一年中狂喜重生的時刻。在春分點上，我們又一次懸掛在光與暗平衡的神聖時刻——白晝和夜晚的長度等長，冬至和夏至的中間點。從這裡開始，太陽的能量，力度、光和力量都會繼續增長，直到夏至（六月十九到二十三日），在一年中白晝最長的一天抵達高峰。

在春分與夏至的中途，我們慶祝十字節之一的五月節（五月一日），這一天帶有春天的成熟和豐饒能量。古老和現代的大地崇拜節日和慶典，都餵養著我們和大地內在的生育力以及創造力，讓我們能繼續綻放，成為結實纍纍的夏天。就是在五月節，生命巨網之中的母神和父神圓了祂們對彼此的激情與愛。狂喜、親密、結合、激情、愛與至福的轉化諸門，就開啟在太陽光穿透潮濕、豐饒、黑暗大地的時候。

在我們一起探索的最大循環中——也就是人生——東方對應到青春和少女原型。強大的成長和擴張能量帶領我們度過巨大轉變，從胚胎到有生育力的人——從聖燭節（二月）感到的種子，經過春天的重生與渴望擴展和成長的少女（三月），再到五月節（五月）跳過激情儀式篝火的那些成熟豐饒之人，最後達到能量頂點，表現在夏至的母親原型上。

這個時候適合擴大自己的能量，培育重生和成長，種下種子和意念，當自己的媽媽，用關愛把自己養大，成為自主、喜悅、充滿力量、持續成長的光與愛的存在。

「能量即永恆的喜悅」
——威廉・布萊克（William Blake）

在每個早晨進入東方之門

　　一天的循環中，東方對應到黎明和早晨，從四點到十點。許多古老的靈修法門鼓勵我們在日出前起床，問候升起的太陽。如果感到召喚，可以試著醒來後馬上開始幾分鐘的靜默獨處，然後再開始一天。連結自己一天最初的幾個呼吸，以及覺察的時刻，能對壓力管理和靈魂的健康造成莫大的改變。

　　創造進入東方之門的儀式時，試著讓一切感覺溫和，就像在為自己接生一樣。創造一個柔軟、滋養身心的環境，好讓自己在其中從休息過渡到新生。當你開始導入簡單、柔和的儀式並連接新生兒的能量時，允許儀式為你帶來清晰，並讓你在一天剩下的時間都跟心中純潔連結在一起。例如，你可以一醒來就點燃蠟燭。

　　在單純、寂靜的驚嘆之中度過須臾後，允許溫柔的愛與連結的能量像漣漪一樣擴散，從心到身體，然後化為滋潤的晨間儀式。這個時間非常適合一些簡單的自我保養儀式；在一天其他時段可能難以找到空檔進行同樣的儀式。一當所有人都醒來，一天的能量開始提升，我們就會一路前進，直到黃昏時有意識地放鬆下來。到那個時候，我們常常會感到疲累，而也會出現適合那些不同時刻的滋養儀式。

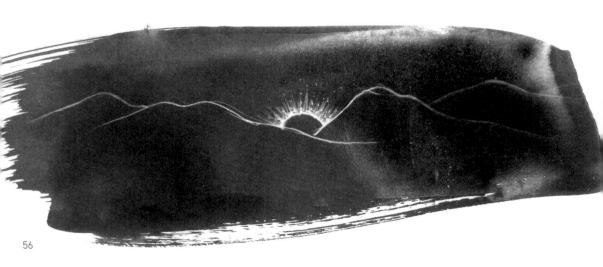

將自己織進東方的晨間儀式

這些晨間儀式都非常理想，適於一天之中的春天部分，還有你的經期、
月亮循環、一年、一生，以及你孩子的春日時光。

- 在醒來的那一刻連結重新誕生的感覺。讓這件事非常、非常簡單美好。
- 使用音效溫和的鬧鐘，例如鳥鳴聲。把起床第一件事就是拿起手機的習慣拿去堆肥——給你的手一個新的活動，用它觸碰自己還躺在床上的身體。把雙手放在肚子上、心上或子宮的位置，閉上眼睛，在覺察中連結你最初幾個呼吸。

  呼吸時，意識到自己有個活生生的溫暖身體。接著我會漂浮在夢境和清醒之間，喚回我的夢。放在肚子上的雙手能夠使我的神經系統放鬆，這樣我就不會直接跳進匆忙的感覺裡，而是帶著平靜、緩慢、甜蜜、充滿愛的能量進入新的一天。我會跟我的身體和靈魂說哈囉，獻上感激。在比較冷的月分，我有時候會以這個姿勢待在被窩裡，進行晨間冥想；天氣比較暖的月分，我會轉移到戶外，在清晨的空氣中冥想。

- 簡單的晨間自我保養儀式可以包括刮舌（tongue scraping）；刮舌能夠清除隔夜累積的細菌。
- 用刷子乾刷身體，喚醒血液循環和移動淋巴。
- 油拔法（oil pulling），對口腔衛生非常棒，還能排除身體的毒素。
- 溫油按摩（warm abhyanga massage）滋養身心，讓你的神經接下來一天都保持平靜。
- 一起床就喝點溫檸檬水或一個 shot 杯的蘋果醋和水，沖走體內的毒素，喚醒消化系統。
- 早餐前，空腹喝一種滋養藥草的隔夜藥草茶。
- 冥想和瑜伽。
- 用溫和的動作跟太陽打招呼、伸展、唱歌。
- 直覺式舞蹈，或晨光舞會。
- 去健走或慢跑，啟動身心、補充能量，釋放沉積的物理和情感能量。

關於滋養藥草你所需要知道的一切

如果要在你的日常生活中僅僅加入一項活動，讓我為你獻上珍寶中的珍寶：每天飲用滋養的野藥草茶。滋養藥草（Nourishing herbs）大多是野生、充足、富含營養素的雜草，像是蕁麻、燕麥桿、蒲公英、繁縷、牛蒡、紅花苜蓿、原拉拉藤和覆盆子葉。生長在完好荒野生態系中的野草，強大的生命力中含有各種維他命、礦物質和酵素，用他們的養分灌溉身體可以改變我們的人生。這是在蓋亞療癒與大地教育學院，我們教授的第一個也是首要的實踐。多虧滋養藥草，每年我們都看見學生從內到外的轉變。

當滋養藥草將我們織進古老大地的靈智和荒野的記憶時，他們同時也用充滿野性的生命力清潔、更新、滋潤我們的身心。野草同時滋養著我們的細胞和靈魂。開始飲用他們的時候，我們常會發現身體在大口大口地喝，解一種無名的渴；我們從來就不知道這種渴存在，更不用說知道怎麼去滿足了。因為野草來自荒野生態系，他們生長的泥土富有生物和靈魂訊息，這些是在人工栽培、犁過的地裡找不到的。

靈性上，滋養藥草滋潤我們的方式，會讓人覺得深深地、親密地和大地母親連結在一起。當我喝下隔夜滋養藥草茶，身上所有細胞和靈魂都笑開了，感覺回到了家，變得完整。

物質上，滋養藥草是維他命、礦物質和酵素含量最豐富的食物來源之一。他們能治癒內臟和消化系統，平衡酸鹼值，幫助身體從食物吸收更多養分。

他們還能照顧循環系統的健康，幫助造血，常常還能滋補心；對排遺系統和器官也有溫和的清潔效果，幫助身體以健康、緩慢、深層的方式排毒；他們能幫助身體建造新的組織，創造新的健康細胞，所以他們也是孕婦的好夥伴，協助她們創造新生命、創造營養更豐富的母乳；他們還照顧內分泌系統，在我們人生的各個階段都能平衡賀爾蒙，無論性別，而有些藥草則是最適用於特定時期或賀爾蒙；他們也調整神經系統，幫助我們變得更有抗壓性、更有應變力、思緒更清晰、情緒更穩定，更以心為中心。

情緒上，滋養藥草非常穩定心靈。當我們的身體不再迫切渴望養分和愛，他們就能放鬆下來，而我們的情緒也會隨之變得更和諧。喝下滋養藥草時，我們也攝入了荒野的神魂和大地的身體；我們變得更能抵抗壓力，對自己和他人也更有慈悲心。

如何製作隔夜藥草茶

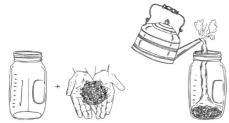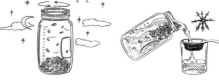

1. 在玻璃罐中放入一把藥草。

2. 將熱水倒入罐中。

3. 緊緊蓋上蓋子，浸泡隔夜。

4. 過濾、冷藏，或隨身飲用。

飲用這些植物，感覺就像從大地母親的乳頭喝奶一樣。我們的身體放鬆下來，心靈敞開。喔！當我們在受到滋養的感覺中過生活，會有多少奇蹟發生啊！我們會變得更快樂、更有能量、更有靈感。這些植物的靈魂帶有的荒野脈動，能喚醒我們內在的荒野記憶，給我們鮮活的生命力和精力。喝野草茶，是能幫助我們把自身織回大地和偉大奧祕布匹之中，我所知道的最有效的方式。

你的新儀式就是每晚睡前泡一壺隔夜藥草茶。讓他成為你的儀式。每個晚上，晚餐、整理好廚房後，泡藥草茶，在廚房平台上靜置隔夜，這樣早上醒來時你就能豪不費力地領受他們了。

儘管所有滋養藥草都有著某些類似的療癒特性，每種植物卻也都有自己的性格

和特別的贈禮。後面的植物檔案會教你更多關於每種植物的知識。我建議選擇單一一種滋養藥草，每天飲用，持續一個月，注意收到的層層療癒、洞見和轉化。一個月後，你會和這種植物建立出強大的個人連結，並對他有深刻的了解；之後你可以繼續喝同一種植物，或換一種來喝。混合不同的滋養藥草和創造藥草配幫方，在你用自己的身體一一認識他們之後會更成功。不然，同時服用太多藥草，可能會讓你不知道是哪個植物在做什麼。在我們的藥草傳統中，我們喜歡使用「單方」（simples）——一次只用一種藥草——這樣我們就能清楚認識到植物如何展現他們的療癒力。這麼做可以讓你成為更好的藥草師，也能幫助你配出更好的方子。

春季滋養與淨化

我們的晨間儀式能夠清理夜晚沉積的汙濁，用愛的意念、呼吸和動作，
喚醒我們的身體；它們清除毒素，並喚起消化系統的火焰。在春天與早晨，
我們被贈予淨化的機會，讓我們能變得輕盈、明亮、充滿能量。

三餐中對應到東方之門的是早餐——夜晚斷食的結束，也就是一天循環中冬季部分的結束。用滋養藥草茶來開啟你的一天，根據身體的渴望，想喝多少就喝多少，等到身體告訴你它餓了，再吃早餐；然而，滋養藥草充滿養分，時常會延遲飢餓感。如果比較瘦，好好用食物滋養自己；如果重量超過自然體重，意識到僅僅喝藥草茶就能獲得飽足感。持續每天喝滋養藥草茶，你對垃圾食物和神經興奮物質的渴望非常有可能會消失，你可能還會發現自己吃的量也縮水了。

在比較沒有活動的冬天，我們的身體為了保持身體溫暖，會自然地增加一點重量，而在春天的時候減去這些多餘脂肪就非常理想。我允許自己的身體隨著自然的潮汐盈虧；在月亮週期和我的經期循環中，我的體重會有幾磅的浮動，我也會在每個冬天都額外再增加幾磅。智慧女人

傳統走的是一條愛自己與滋養的路，我們清理沉積的能量，但不使用過於嚴厲、激烈，時常具有懲罰性質的「排毒」方法。我發現流行的排毒和淨化飲食，對身體的生理、情緒和靈性層面，常常都很有壓力。嚴格的規則凌駕於我們的直覺，神經系統會因為嘗試了解身體正在經歷的壓力，而變得更加焦慮。很多排毒和淨化飲食讓身體處在「挨餓模式」，這會感覺起來像是懲罰。

更重要的是，這些方法大多沒培養身體和靈魂之間的信任關係、深層傾聽，還有照顧。在一個充滿「應該」以及時刻變化的完美體態模板的世界中，反過來把對自然訊號的深層傾聽，當作終身培養的目標。傾聽自己的身體，會強化它的智能，還有溝通其需求的能力——畢竟，我們的身體自然就是被創造來排除毒素的。採取智慧女人的路徑，我們可以用充滿愛的

方式引導靈魂實行「Blissipline」（至福 Bliss ＋紀律 Discipline），而不是處罰跟控制。可以允許身體讓我們看見，在生旅程中不同的階段，它們健康的樣子看起來如何。

　　所以說，春天是非常棒的時機，適合進行身體從內到外的溫和清理。我們可以用藥草和各種輔助方法，輕鬆提高身體的自然自我淨化能力，變得輕盈又充滿能量。

早晨補給品

從最溫和／月亮／陰性的能量到最有能量／太陽／陽性的能量排序。

陰 ↑

- 蕁麻隔夜冷泡滋養藥草茶
- 任何野草的隔夜熱泡滋養藥草茶
- 滋養藥草熱茶
- 溫檸檬水
- 五味子或紅景天藥草茶，補充能量，無咖啡因
- 薑黃黃金奶
- 新鮮熱可可
- 含咖啡因的茶或瑪黛茶
- 抹茶
- 咖啡

陽 ↓

春季清理：
用滋養的方式減去冬季增加的體重

　　許多方法和食物能夠哺餵我們的健康，在冬天之後換新我們的身體，而春天就是擁抱它們的時候。如果對你而言，這表示要來春季減重一下，這裡有些小撇步，清潔程度從最溫和到最強力。

- 下定決心，在感到飢餓時吃身體渴望的東西、緩慢並專注地吃、享受過程，然後飽的時候就停下。金寧·羅特的《女人、食物與上帝》（ *Women, Food and God by Geneen Roth* ）是本超棒的書，透過靈性的洞見教我們如何轉變和情緒性飲食（ emotional eating ）的關係。

- 早晨的身體清潔儀式：刮舌、身體乾刷、油拔法等，都能促進排毒、淨化和減重。

- 飯前二十分鐘喝苦味藥草，能刺激消化酵素的產生，幫助身體分解食物（84 頁有個配方）。

- 快樂下廚！和朋友或你愛的人一起做飯。特別花心思做飯，然後慢慢享用。

- 練習緩慢、專注地吃。好好咀嚼食物來幫助身體吸收養分、促進消化，並提升能量。

- 吃飯前做點腹式深呼吸，來啟動副交感神經系統、安定身體。如果吃飯的時候壓力很大，減重會變得很困難。飯前使用呼吸或安神茶來放鬆，對不費力達到自然體重有很大的幫助。

- 整天飲用像是五味子和七葉膽這樣的藥草，能夠提升能量，同時降低食慾，讓你擺脫會引起吃甜食欲望的午後疲勞。滋養藥草也能降低食慾。一天之中多喝藥草茶和檸檬水。

- 早晨飲用瑪黛茶能夠延遲飢餓、提升能量，並刺激消化系統。咖啡和瑪黛茶裡的咖啡因能幫助間歇性斷食，雖然對腎上腺會造成一些負擔。如果你沒有對咖啡因成癮，建議你好好享受無癮狀態，並保持下去！

- 對很多人來說，間歇性斷食是很有效的減重方式。間歇性斷食把我們夜間不攝入卡路里的時段，延長到十三到十六個小時之間；例如，晚上七點到早上十一點。這麼做可以調整賀爾蒙並幫助燃燒脂肪。不過，如果你感到在挨餓，後來開始暴食或吃進特別大量的食物，間歇性斷食就沒那麼有效了。早晨斷食期間，可以飲用滋養藥草、茶、瑪黛、咖啡等等飲品來幫助削減飢餓感，同時也有助於讓身體感覺受到支持與安定。可以研究看看。這種進食模式越來越受歡迎了，但未必適合所有人。

- 又或者，你可以試著在晚上特定時間後就不吃東西，例如六點或七點之後；而不在早餐上設定任何時間限制。

滋養藥草茶 V.S. 青汁（Green Juice）

青汁能直接傳送充足養分和礦物質到血液中，而不啟動消化系統，作為一種補充養分的方法，受到大眾歡迎。然而，這個健康飲食風潮卻帶來很高的環境代價——每一杯青汁大約需要50加侖（190公升）的水製成，而且碳足跡也很高，因為有大量的蔬菜殘渣因此被倒進掩埋場並產生甲烷。以像是蕁麻、燕麥桿、蒲公英或紅花苜蓿這類野草隔夜冷泡泡出來的藥草茶，比多數青汁的營養價值還高；既不需要灌溉，也沒有農業足跡；如果把用完的藥草拿去堆肥，甚至就只是放回外面的土地上，也不會產生垃圾。

除此之外，滋養的野藥草草茶，比他們的蔬菜汁對照組更有靈智。野草是經歷過各式各樣的生態壓力源，經過調整適應的原初存在——而且他們還那麼蓬勃生長！這些藥草沒被育種，也沒有像商業農產植物一樣受過基因改造，所以他們仍有著古老的血脈。他們生長在完好的生態系統中，生長在充滿微生物和真菌的泥土裡，身處荒野的溝通網絡之中。相較之下，大多青汁都是由水耕培育出來的植物做成的；這些植物的根離開大地，在裝著水和化學營養劑的塑膠容器中生長。喝下滋養藥草能把我們編織到古老的靈智與有適應力的荒野裡，這是青汁根本無法提供的。用滋養藥草茶取代青汁對你個人，或對這顆星球而言，都是更好的選擇。

春季掃除

春天也是帶來明澈、清潔，還有為新事物開拓道路的時刻。就像我們在春天和早晨從內在清理自己的身體，同時也會把能量擴散到我們的家和生活裡。除了很實際、物理上很清新之外，「春季掃除」這個行為在能量和靈性上也都很有力量。

透過深深挖掘家裡能量滯留的地方──各種盒子、衣服堆、床底下、角落和櫥櫃──就能移動沉重、停滯的能量，讓它們離開我們的物理空間。釋放舊的同時，我們也允許新的能量來取代。我們甩掉身上舊的身分，並為蛻變清出空間，為了創造新的自己、為了邀請新事物進入。

風水是幾千年前發展出來的中國方術，使用自然的法則累積更多氣或能量，用來在我們的生命和環境中創造和諧與健康。根據這套古老哲學，能量必須流進我們的家中，這代表要有秩序與空間，即使在碗櫃或床底下這樣隱蔽的地方也一樣。

整理一下你擁有的事物。釋放任何你沒有在使用、任何不帶給你喜悅的事物。或許在淺意識中，這些物品正在為你造成負擔。我們澈底釋放所有物時，顯著而驚人的靈性和情緒轉化會隨之發生。用更輕盈的方式走上生命的旅程，帶著空間，讓自己的心靈更開闊。

女巫會把春季掃除當成儀式執行，創造神聖空間，讓物理實現的行為連結到更深的意念。清理居家空間時，編入四元素的魔法；使用禱告跟意念釋放舊有的，為將在你的家、生命與你自身綻放的奇蹟製造空間。

氣

敞開窗戶和門，邀請春風和涼爽的微風來清潔你的家。讓光也傾洩進來。播放音樂，讓樂聲從家中唱到戶外。

火

進入深沉黑暗的地方清掃居家空間時，燃燒來自你花園或當地生態系的淨化、祝福藥草，例如杜松、鼠尾草、艾草、雪松或松脂。這些植物許多世紀以來，都因為他們物理上、能量上和靈性上的潔淨力量而被使用；他們可以驅散氣場中沉重負面的能量，燃燒產生的煙也有抗菌和抵抗微生物的效果。

有時候，清理舊櫥櫃可能會讓許多舊回憶、能量，還有已經逝去的時光再度湧入心頭。燃燒鼠尾草或其他祝福藥草，能幫助驅散這股能量，讓它回到根源，協助新生。

比較不常見的祝福藥草，像是柯巴、聖木和乳香，應該減省使用，因為他們很多都遭到過度採收。我把這些樹脂稱為「淚滴」，來幫助我們記得每一滴樹液都是多麼地珍貴。或許你可能在完成居家掃除的時候，焚燒幾顆乳香的淚滴；他有非常高的頻率，可以讓一個空間的頻率提升到神聖、光和清晰的天使般的音調。

水

空氣一變得清新乾淨，整個居家環境也開始呼吸、變得明亮後，就是開始打掃和清洗家中各個平面的時候了。女巫經典的工具——掃帚，很適合這項任務，非常便利。試著用逆時針的方向清掃，大聲說出所有你要從家中釋放出去的事物。結束時逆轉方向，順時針掃，同時呼喚新的能量和意念。清洗、淨化家裡所有的平面——家具、牆面和地面。一般商業清潔產品毒得令人難以置信，充滿石化工業的副產品；特別選擇可生物分解、對孩童和動物都安全的產品。或者走簡單、純淨、便宜的路線，使用白醋、小蘇打粉和液態橄欖皂清潔（參考 84 頁的春季掃除藥草浸泡醋）！

地

堆肥茶是種充滿微生物的營養液體，由堆肥製成，可以用來澆灌餵養你家室內外的植物。你的居家植物會提高頻率，吐出春天的生命力和活力，充滿空間。清掃前門台階或廊道，整理通往家的道路。把鞋子放在門外，就像許多傳統文化的習俗。研究顯示，讓孩童暴露在殺蟲劑下的來源中，比起食用非有機蔬果，在房屋中穿著室外鞋占有更高的比例。

最後，把一些室外的事物帶入你的家裡。也許一根需要修剪下來的樹枝可以帶回室內，等待花苞開放，為家中注入春天的能量？或許是你在散步時撿到的一根羽毛或一塊河流中的石頭，想跟你回家，被放在你的聖壇上？讓你的家充滿花朵，坐下放鬆，喝點茶，好好享受這神聖的空間，屬於你的神殿！

　　　　願你的家受到祝福。

　　　願你能迎入自然的神靈，
　　並在你的神聖巢裡找到哺育。
　　現在，飛翔吧！自由的少女，
　去發現所有妳能成為的奇蹟！

水晶淨化與充能

我大概每個月會淨化一次水晶，或在進行深層空間清潔的時候同時淨化。通常我會把他們放在月光下補充能量。

可以把水晶放在土地上，置於陽光和月光下二十四到四十八小時淨化。我最喜歡的淨化方法，是把水晶放在裝滿海水或泉水跟海鹽的玻璃碗中，讓他們沐浴在水和陽光裡。這麼做同時可以淨化，也能幫他們補充能量。之後帶回家，他們的能量會變得透澈、乾淨、強大；如果繼續把他們留在月光下，或吸收某個重要天文時刻的能量，例如春分或秋分、十字聖節、生日或婚禮慶祝，水晶就會持續把那一天的頻率擴散到你的家中。

定立意念、誕下新生命、換新我們自己

離開了新月的黑暗，重生之後，我們進入了所有循環的春季，乾乾淨淨、心胸開放，帶著對未來的願景和希望。我們立下新月的意念，並看著它們隨著漸盈的月亮成長。跟驚奇、喜悅和歡欣這些孩子體現的能量連結，我們培養滋潤身心的儀式和鼓勵的行為，促進這些象徵的種子萌芽。這是變得輕盈、無憂無慮、心靈開闊的時刻。黑月之後，就像年輕的人們為了成長和蛻變因而尋找新的經驗，我們也可能會感覺更加想和人交往、充滿能量和冒險的心情。

女人月經來臨的時候，是她的黑月和冬天；而她的春天就是濾泡期，通常會持續到經期的第十三天。這個時候適合使用像蕁麻和歐白芷這樣的藥草來造血。雌性激素濃度提升、子宮內膜增厚，而就在排卵前，睪固酮和性慾也會提升，就像春天成熟變為夏天一樣。為了乘著月經的再生潮流，可以在自身冬天的時候（月經到來時）承諾自己真的好好休息。現在，到了她的春天，女人會如獲新生、充滿能量和動力、樂觀又充滿熱情。這是個開始新計畫的好時機，也很適合跟隨妳自己的歡愉、在創造上冒險、和他人聯繫，以及帶著新的意念或想實行的行動，預先計畫循環。給自己充沛的時間，能為少女的大膽和樂觀帶來最好的哺育。為了妳自身的健康、生命力，還有創作功業的能量，不要在這個階段抄小徑，直接跳到夏天服務、照顧他人，和不斷行動的時刻。保持和快樂的連結，它的花朵將會綻放，然後結出熟成的果實。

少女原型

東方的門廊連結到的是少女原型。在這裡，我們能夠連通青春的能量：生長、擴張、尋找新的經驗。我們從孩童的純真和對哺育的需求，走向年輕人勃發的理想主義，尋求冒險和不同的經驗來幫助自己成長。這是開拓視野的時節，也是學習新事物、擴張心靈，還有向無限的可能性敞開的時候。在創造的循環中，這是個很重要的原型，需要被體現，而生命的巨輪上所有旅程也都是這樣。精煉、專注也有其時節，但這些不屬於東方的能量。為了充滿創造的新鮮能量，我們必須在一開始先向從來沒想過的種種可能性開放，這樣我們才能一次又一次產出豐盛。

這個章節裡的晨間儀式，會讓你跟每個早晨獲得新生的體驗連結。自我照顧是少女原型的優先。在夢想著一天的可能性和意念時，練習培養出活力和樂觀精神。月經週期還有新月期間，在對應到少女原型的時刻，相關的儀式鼓勵我們比平常稍微再「自我中心」一點。為了讓孩子成長為容光煥發又充滿力量的成人，讓他們跟隨自己心的鼓動、發現自己的喜悅也非常重要。每個月設立新的意念時，透過這種方式連結少女原型，然後更新你的創意計畫、投注心力的事物和責任。

另外，春天就好好玩吧！計畫冒險、到戶外走走、在自然中動一動身體，探索把太陽或微風當作心愛的對象。向自然世界打開感官，透過跟自然連結得到歡愉。躺在原野上，向落在皮膚上的陽光歌唱。成為又野又自由的存在吧！喜悅和快樂會汩汩流成一條賦予生命的清泉，養育你和你所愛的，當時節熟成於將至的夏日。

「如果孩童能在他的遊戲中忘我，完全將自身這樣充滿愛的存在
獻給周遭世界；在往後人生嚴苛的事務中，他將能夠帶著自信與力量，
將自身奉獻於世界，為其服務。」

——魯道夫・史坦納（Rudolf Steiner）

東方的大地之藥：野草

　　當蓋亞的大地身體在冬季的沉睡中甦醒時，她慷慨地供給理想的食物與藥石，特別為我們旅程中的這個時刻創造。冬天之後，什麼植物最先在你的生態系統中探出頭來呢？ 他們大多時候會是滋養的野草——蒲公英葉、繁縷、蕁麻、覆盆子葉、車前草、礦工生菜、燕麥桿還有芥菜。

　　這些充滿養分的植物有什麼共通點？首先，他們是大地親手賜予我們的，有著絕對豐沛的量。在東方之中，我們可以像孩子一樣，從大地母親那裡接受深層的哺育；彷彿鼓勵嬰兒從她的乳房喝奶，她用充沛多樣的可食用野菜灌溉我們。這是我們放鬆領受的時刻，用滋養灌注自身，讓自己充滿生命力和成長。

　　在春天繁盛生長的藥用野草也是超級食物。他們的礦物質和維生素含量很高，還能幫助造血。就這方面而言，我們可以看見春天的植物極度適合相應的月亮週期；黑月、月經期間流失的血液，正好可以讓我們東方的植物盟友幫忙補充。滋養藥草——大地之母的荒野豐盛養分，是我們民間藥草傳統的基礎。智慧女人傳統依賴充滿野性、充沛、在地、自由且免費的藥草，而不使用稀少昂貴的植物；這些珍稀植物的採收道德上不僅很可疑，對環境也會產生影響。

　　有些野草味道偏苦。苦味藥草是春天的好夥伴；苦味能刺激腸胃中膽汁的產生，幫助消化。漫長冬天結束，我們來到春天時，可能會增加多餘的體重，或有沉重、消沉和停滯的感覺。幸好，自然母親慷慨提供了充足的食物，能喚醒我們的消化系統、幫助我們的身體清潔和排毒，帶入綠色的生命能量，讓我們能在每個春天、上弦月期間和每個早晨，跟蓋亞的全體一起醒來。冬天一結束，這樣的內在春季掃除通常很直覺。很多人會在飲食中加入更多蔬果，來釋放老舊的並滋養生命的新。同樣地，以滋養茶來開啟一天也能喚醒消化系統，哺育我們重生的身體和心靈。

春季配方
與
藥草調配

滋養藥草茶
Nourishing Herb Tea

以隔夜浸泡的滋養藥草茶來開啟你的一天吧！就這單一一個練習，能夠澈底改變你。如果你沒有先泡好浸泡液（infusion，浸泡四小時或更久的萃取液），還是可以泡藥草茶，也就是用熱水沖泡藥草二十分鐘或更久的萃取液。只要使用更多藥材，就能得到很濃、充滿養分的溫暖飲品了。這邊有個基本的沖泡法，附上幾個我最愛的配方。使用大概一個手掌份量的藥草就行了（民俗方法就是用你自己的身體測量）。

成品：大約1夸脫（946ml）

7大匙（38.9g）或一大把乾燥蕁麻、紅花苜蓿、燕麥桿，或混合使用

1. 把乾燥藥草放進夸脫罐中。
2. 把滾水倒入，蓋過藥草，並馬上蓋上蓋子，避免藥用成分隨蒸氣蒸發。浸泡越久越好，或泡至少二十分鐘。

· · · · · · · ·

滋養的藥草根，像是牛蒡和蒲公英根，比起用開水隔夜浸泡，在鍋中用小火煎煮的方式萃取，能更快獲得更濃的藥湯。

成品：1 1/2 夸脫（1.4 L）

7大匙（49g）乾燥滋養藥草根，像是蒲公英根、牛蒡根，或刺五加根

1. 在小鍋中加入藥草和1 1/2 夸脫（1.4 L）的水，加蓋，大火煮滾。

2. 轉小火，煎十分鐘。
3. 過濾享用。藥草根通常能再次使用，再萃取一次。

· · · · · · · ·

清靜滋養茶
Nourished and Chill Tea

這道受眾人青睞的茶可以熱熱喝，也可以加冰塊享用，加不加蜂蜜都很好喝。想要用美味又令人愉快的方式介紹療癒的藥草，這會是個絕佳的配方。它提供了礦物質、維生素、酵素和野草促進細胞再生的成分，卻不帶有我們荒野綠女巫認得而且為之狂熱的泥土氣味，就像大地之母美好的味道——那有時是種需要學習才能欣賞的味道。薄荷葉能讓整個配方變得明亮，帶來清新的味道，讓所有人都能接受，尤其是小孩。加入一匙蜂蜜能讓它變得超好喝，成為所有人的最愛。

這個配方喚醒我們的身體，注入新能量得同時，會清除滯塞的能量。它能成為貧血的人的好朋友，幫助她們在月經來臨時，或月經之後重新造血；也能幫助孕婦，照顧她們懷孕頭三個月的噁心感。這個配方能夠安定神經系統、打開心輪、呼吸和心靈——它能夠平衡風元素。每天飲用這個配方能幫助想要治癒腎上腺的人，強化他們的神經系統、心血管系統、生殖系統或消化系統，並平衡他們的心靈。就像所有滋養藥草和適應元藥草（adaptogenic herbs），它累積的效果非常深遠強大，所以我建議每天使用這個配方，持續一個月、一整個月亮週期，或者更久。

成品：大約1夸脫（946ml）

　　2大匙（11g）乾燥蕁麻

　　2大匙（11g）乾燥燕麥桿

　　2大匙（3g）乾燥薄荷

1. 把所有材料──或一把混合起來的茶──放入夸脫大小的梅森罐中。倒滿熱水，並馬上蓋上蓋子，靜置浸泡。
2. 等待至少二十分鐘後，當作熱茶飲用；也可以浸泡隔夜，每天起床的時候喝。

‧‧‧‧‧‧‧‧

「甜蜜、火辣、生命、復活」茶
Sweet, Spicy, Alive and Awake Tea

　　每天服用滋養藥草，用滿滿的養分灌溉我們的身體，同時強化排泄系統，感覺起來會像一個安定身心、溫暖又享受的擁抱，尤其是使用野草根和適應元藥草根的時候。身為綠女巫，餵養海底輪（root chakras，根輪）是我們的首要工作，而這個配方的基礎就是冬季之門的工作，還有在那一章可以找到的「美好扎根我崛起」茶（205頁）。

　　現在春天到了，在促進自身活化的同時，我們也要繼續深層滋養神經系統，這樣才不會陷入氣元素的混亂狀態中。這是個容易掉進的陷阱，氣元素混亂感覺就像燃燒殆盡，或被春天的興奮感壓垮，並且時常對應到身體上的停擺，包括過敏、倦怠或著涼感冒。

　　每天飲用這個配方，可以強化你的神經系統、免疫系統、循環系統、消化系統和內分泌系統，補充你深層的能量水庫，同時汲取適應元藥草活化、提升能量的功效。

　　如果發現自己想來點刺激神經的東西，像是甜食和咖啡，首先可以選擇這道茶。可以隨喜好加入椰漿和升糖指數低的甜味劑，來得到一杯美味、帶來能量、像香料奶茶一樣，但無咖啡因的滋補飲品，給我們想從咖啡尋求的安慰、溫暖和能量。

　　我常會在爐子上留一鍋這道茶，在冷冷的天享用，或飯後喝幫助消化，還有滿足對甜食的渴望。其中含有像茴香和肉桂這樣的祛風藥草，能幫助消化、平息脹氣，還有促進循環，讓我們維持身體暖和，同時照顧心臟。

成品：約1杯（105g）

　　2大匙（14g）刺五加根

　　1大匙（7g）牛蒡根

　　1大匙（7g）蒲公英根

　　2大匙（14g）黃耆根

　　2大匙（14g）紅景天根

　　2大匙（14g）蜀葵根

　　3大匙（11.3g）錫蘭肉桂碎片

　　2大匙（12g）茴香子

　　雲芝或靈芝切片1片（½茶匙左右）（可省略）

　　½茶匙（4g）甘草根

　　½茶匙（4g）薑

1. 混合所有材料，放在密封容器中保存。
2. 一把藥草沖1夸脫（946ml）的水。可以製成隔夜藥草茶，或在爐火上加蓋小火煎煮，至少三十分鐘。依情況需要加水。

本草黑咖啡
Black Herbal Coffee

　　無論是好是壞，我已經成為了公平交易、來源單一的有機咖啡鑑賞家。我對咖啡的愛——還有對我腎上腺的愛——讓我下定決心以藥草來滿足自己對咖啡提供安慰和能量的需求；運用藥草也能避免把我的神經系統推向極限，然後耗盡能量。如果你需要提升能量，可以考慮抹茶、可可或瑪黛茶飲，他們都有咖啡因，或依靠紅景天或五味子，這兩種都是能提振精神的適應元藥草。

　　為了滿足我對咖啡美好風味的渴望，我過去曾使用來自我母國波蘭的藥用蕈菇，但目前有些品種遭到過度採收了，所以我也不再使用。我為我親愛的蘑菇遭受到的過度採收哀悼，他們曾是我最親密的藥草夥伴；他們完全滿足並治好了我對咖啡的癮。這個配方是個相近的第二選擇，模仿了咖啡的味道，非常安滋養身心，也能照顧神經系統和排泄系統；不提神，也不含咖啡因。

成品：½ 加侖（1.9L）

1 小片雲芝切片（大約 1 茶匙）
3 大匙（21g）烘焙過的蒲公英根
3 大匙（21g）烘焙過的菊苣根
2 大匙（14g）牛蒡根
1 大匙（7g）何首烏根
2 大匙（14g）刺五加根
1 大匙（7g）黃耆根
1 大匙（7g）蜀葵根（可省略）
2 大匙（7.5g）錫蘭肉桂碎片（可省略）

1. 為了取得濃厚的萃取液，藥用蕈菇應該要用煎煮的方式處理（加蓋小火慢煎），一小片乾燥或新鮮的菇就很足夠了。首先把雲芝和肉桂片（如果使用的話）加入 1 加侖（3.8L）的水中，一起煎煮幾個小時。

2. 關火，讓藥湯冷卻至室溫。

3. 重新加熱藥湯到微滾，再次煎煮幾個小時。一整天重複這個過程，直到水量減少到大約一半。

4. 加入剩下的藥草，再次煮到微滾，這次煎一個小時，煮出濃厚的本草黑「咖啡」。我會把整鍋茶湯留在爐子上，喝的時候再加熱，在一天之中享用好幾杯這道本草黑咖啡。之後不過濾倒入大罐子或容器中，放在冰箱裡過夜。

・・・・・・・・

早安能量飲
Morning Elixirs

　　用適應元藥草粉、健康的脂肪，還有膠原蛋白（選用）製成的早安能量飲，可以取代或配著早餐一起喝，提供我們必需的蛋白質、脂肪還有維生素，作為身體和靈魂的燃料。它可以是個美妙的上午點心，幫助我們繼續向一天的能量巔峰前進；它也可以從午後的倦怠中拉我們一把，滿足我們想來點甜的、有飽足感又好吃的東西的慾望，卻不會讓消化系統塞車，或帶入像咖啡或糖的興奮劑。

如何打造史詩級的能量飲？

液體基底＋藥草粉＋健康脂肪＋低升糖指數甜味劑＋點綴＝能量飲

　　把所有材料放入高速攪拌機中拌勻，製成充滿泡沫的飲品。撒上選用的點綴品，然後自己享用或招待朋友！

液體基底	藥草 或其他粉末	健康脂肪	低升糖指數 甜味劑 （可省略）	點綴 （可省略）
1 馬克杯，成品＝ 1 杯	$^1/_2$ 茶匙－ $^1/_2$ 大匙	1–2 大匙	1–2 茶匙	
（熱）水永遠都是很好的選擇。 也可以用茶當基底──隔夜藥草茶（59頁）或用茶包沖的茶等等。 使用藥草茶打底，而不用水是在你的靈藥中帶入更多藥力的好方法！ 泡一包綠茶、伯爵茶或是其他含咖啡因的茶，可以帶給你額外的能量補充。 水加上新鮮蔬果汁，例如櫻桃、胡蘿蔔、芹菜、蘋果、菠菜等等，和適合的藥草粉配合時，都能添加美味，還能補足額外加入甜味劑的需要。	適應元藥草粉和其他適合搭配在一起的藥草粉，包括刺五加、馬卡、印度人參（酌量使用，他很苦）、天門冬、刺毛黧豆、何首烏、蒲公英、牛蒡。可可粉和這些也都很搭。 用螺旋藻（spirulina）和海藻加上綠色藥草粉（例如苜蓿、蕁麻等等），就能打出綠色的靈藥。 抹茶粉 膠原蛋白沒有味道，和以上任何藥草粉都能搭配，為你的能量飲加入蛋白質。	椰漿 （Coconut cream） 椰子奶油 （Coconut butter） 可可脂 椰子油 草飼牛奶油 酥油	羅漢果（零卡路里，天然，升糖指數零） 木糖醇（零卡路里，低升糖指數） 生蜂蜜 椰糖 楓糖 甜菊糖液（零卡路里，升糖指數零）	少許富含礦物質的鹽，像是凱爾特鹽或喜馬拉雅鹽 1 茶匙神聖玫瑰花水 1 小撮道德採集的蜂花粉 幾瓣玫瑰花瓣 現磨肉豆蔻 1 小撮肉桂粉 1 小撮生可可果仁碎片 1 小撮卡宴辣椒

風光明媚美好的一天早安能量飲
Light and Bright Blessed Day Elixir

這是經典薑黃黃金奶的變化，更女性化，也更提振精神。富含適應元藥草和礦物質，而且對生殖輪、生殖系統和心都格外滋養。

成品：1人份

1 馬克杯（240ml）的熱水、熱伯爵茶、聖羅勒玫瑰茶或帶有花苞的茉莉花茶

$1/4$ 茶匙（0.5g）薑黃粉

$1/2$ 茶匙（2.5ml）香草萃取液或 $1/4$ 茶匙（0.85g）香草豆莢中的種子

$1/2$ 茶匙（1g）馬卡粉

$1/4$ 茶匙（0.5g）天門冬粉

$1/4$ 茶匙（0.5g）刺五加粉

$1/4$ 茶匙（0.5g）黃耆粉

1 茶匙（6.5g）生蜂蜜

1 大匙（7g）膠原蛋白粉（素食或純素者可以使用豆類蛋白粉）

1 大匙（19g）椰漿（或用大麻奶或燕麥奶取代一半液體基底）

點綴固定劑：蜂花粉、玫瑰花瓣

1. 除了固定劑，把所有材料放入高速攪拌機中拌勻。
2. 撒上蜂花粉和玫瑰花瓣。即時享用。

舒服好喝早安能量飲
Comfort Yum Morning Elixir

就像它的名字暗示的，這是一道美味、嚐起來很罪惡的能量飲，充滿適應元藥草和富含礦物質的植物。它真的是一種招待。在完滿的感官享受和至福中慢慢享用吧！

成品：1人份

1 馬克杯（240ml）的熱水、熱伯爵茶，或聖羅勒玫瑰茶作為基底

$1/2$ 茶匙（2.5ml）香草萃取液或 $1/4$ 茶匙（0.85g）香草豆莢中的種子

$1/2$ 茶匙（1g）馬卡粉

$1/4$ 茶匙（0.5g）刺五加粉

$1/4$ 茶匙（0.5g）黃耆粉

$1/2$ 茶匙（0.5g）何首烏粉

$1/4$ 茶匙（0.5g）烘焙蒲公英根粉

$1/4$ 茶匙（0.5g）刺毛黧豆粉

1 大匙（20g）楓糖

1 大匙（12g）酥油

1 茶匙（5g）椰子奶油或可可脂

1 大匙（5g）可可粉（可省略）

1 大匙（7g）膠原蛋白粉（可省略，素食或純素者可以使用豆類蛋白粉）

1 大匙（19g）椰漿（或用大麻奶或燕麥奶取代一半液體基底）

點綴固定劑：研磨肉桂、肉豆蔻

1. 在高速攪拌機中混合所有材料。
2. 撒上肉桂，然後再磨下一點肉豆蔻。即刻享用。

抹茶膠原蛋白能量飲
Collagen Matcha Elixir

這個配方富含抗氧化劑、蛋白質、維生素、礦物質和膠原蛋白，這些成分讓它成為一道養顏美容的早餐能量飲。營養均衡，有著健康的脂肪、養分和超級食物，而且可以取代早餐。抹茶粉加入了很好的咖啡因來提振能量，而大麻奶和蛋白質可以持續穩定提供能量到中午。

成品：1馬克杯（240ml）

$1/2$ 杯（120ml）打至起泡的熱大麻奶（如果要更濃厚一點，多使用一點奶，少一點水）

1大匙（7g）來自草飼牲畜的有機膠原蛋白粉（素食或純素者可以使用豆類蛋白粉）

$1/2$ 大匙（3.5g）抹茶粉

$1/2$ 大匙（3.5g）瑪卡粉

$1/2$ 大匙（3.5g）螺旋藻、綠藻粉，或綠色超級食物粉

1茶匙到1大匙（重量不定）你選擇的甜味劑（羅漢果、生蜂蜜、椰糖、楓糖）

$1/2$ 茶匙（2.5ml）香草萃取液（可省略）

點綴固定劑：研磨肉桂（可省略）

1. 除了肉桂，把所有材料放入馬克杯中混合。
2. 加入 $1/2$ 杯（120ml）熱水，用叉子攪拌直到粉末融化。
3. 加入打發的大麻奶，溫和拌勻。
4. 按口味調整甜度，並撒上一點肉桂粉享用。

超級食物風味鹽
Superfood Salt Sprinkle

我喜歡在食物中稍微多加點鹽，也很感謝能有高品質的鹽，像是喜馬拉雅玫瑰鹽和凱爾特海鹽，其中富含必需礦物質和營養素。這個配方以充滿維生素和礦物質的超級食物強化了鹽的好處，也加入了維生素B含量很高的營養酵母，以及支持心臟健康的種子——這也能額外加入脆脆的口感。撒在沙拉、烤蔬菜、酪梨、吐司或烤地瓜上，能賦予食物更多的美味、口感和營養。

成品：大約1/4杯（37g）

1茶匙（2.5g）辣木粉

1茶匙（4g）營養酵母粉

1茶匙（2.5g）黑芝麻子

1茶匙（2.5g）大麻子

8茶匙（20g）喜瑪拉雅粉紅鹽或凱爾特海鹽

1茶匙（2.5g）煙燻紅椒粉

1茶匙（2.5g）黑胡椒（可省略）

1. 混和材料，放在小罐子裡貯存。經常使用。

植物奶和驚豔藥草奶變奏
Plant Mylks & Marvelous Herbal Mylk Variations

替代「奶」很營養、不含奶製品、好消化，適合加入能量飲、茶和果昔中，也可以直接享用，冰熱都好喝。雖然長期受到純素者歡迎，植物奶直到最近才逐漸受到因為健康或環境因素，想避免飲用牛奶的非素食者歡迎。如果有幸跟飼養乳牛的農場有聯繫，我偶爾會享受一杯來自快樂草飼牛隻的生牛乳；不過自從離開了佛蒙特，這樣的機會就很少見了，所以我開始製作植物奶享用。

大麻、杏仁、大豆、燕麥、豆類、腰果和其他植物奶，都能在商店買到，不過在家自己做很簡單，沒有防腐劑，也更經濟實惠，是個為能量飲或茶飲加入濃醇風味的好方法。

製作植物奶時，我考慮到了每種植物的營養價值和對環境的影響，還有口感和味道。我最喜歡的是大麻和燕麥奶；杏仁奶很美味，但他們被栽種在加州乾旱的地區，水足跡也很高。而因為荷爾蒙、環境以及政治因素，我也嘗試避免大豆奶。

大麻極為營養，富含蛋白質、礦物質、健康的脂肪，還有必需的非飽和脂肪酸，這些都是身體裡建築新細胞組織必要的──換句話說，是再生必需的。他的味道很滑順，就像濃純的牛奶；不像某些其他奶類替代品，大麻奶很容易打發，非常適合做成卡布奇諾或能量飲！從環境的觀點出發，我也偏好使用大麻奶，因為他是非常符合再生農法的作物，希望他能再次被用於製紙、纖維、醫藥和食物。他是很強壯的作物，能夠幫助培育土壤，比起牛奶和杏仁奶需要的水也更少。

然而，就用水量而言，燕麥奶才是贏家。他不像大麻奶一樣有那麼大量的養分，也沒有那麼多蛋白質，但還是比杏仁奶更營養，而且口感柔順美味。

商店買的有機替代奶可能不便宜，但在家自己做卻非常實惠、簡單、快速，又沒有防腐劑，只需要水跟打磨就行了。你也可以留下濾出的殘渣，冷凍起來，烤糕點或做燕麥粥的時候可以加入──什麼都不浪費！最棒的是，在家自製能給你發揮創意的喜悅，發明單一堅果奶之外的各種藥草變奏。

菩提花玫瑰大麻奶
Linden Rose Hemp Mylk

這裡有一道悅人的藥草奶！如果要做純大麻奶或燕麥奶，使用水當基底。

成品：大約4杯（960ml）

$1/2$ 杯（3.5g）大麻籽

4 杯（960ml）椴樹花葉藥草茶（見59頁）；減少水的用量可以得到更濃厚的植物奶

1 撮喜馬拉雅玫瑰鹽

1 整顆蜜棗，去核，或1大匙（20g）楓糖或椰糖（9g）（可省略）

$1/2$ 茶匙（2.5ml）香草萃取液（可省略）

1 大匙（15ml）神聖玫瑰花水（可省略）

加入其他美好味道的可能選項：

2 大匙（10g）可可粉，能做成「巧克力情人之心奶」（Chocolate Lover's Heart Mylk）

$1/4$ 杯（38g）新鮮草莓，做成「菩提花玫瑰粉紅奶」（Linden Rose Pink Mylk）

1. 把大麻種子、藥草茶（如果要做純植物奶，就用水）、鹽和任何額外材料加入攪拌機中，高速攪拌材料一分鐘，或持續到看起來混合均勻為止。

2. 廚房女巫啊，沾一點嚐嚐吧！看看想不想更甜，或是加入更多玫瑰或其他材料。

3. 直接把成品倒入杯中或梅森罐，也可以用堅果奶袋過濾，得到絕品濃純滑順的植物奶，不過如果有高速攪拌機就不是必須。

4. 加蓋冷藏。植物奶在冰箱中可以保存最多五天。

微涼春季早餐：超級食物燕麥粥
Cool Spring Breakfast:
Superfood Porridge

這道早餐非常適合秋天到早春這段時間，起床時早晨冷冽的時候。也很適合偏瘦、比較不結實的人，因為它很滋養，而且能夠安定散亂的氣元素和緊張的能量。當我們的消化之火剛醒來還很微弱時，一碗加入適應元藥草的溫暖燕麥粥會更容易消化。把這道食譜當作基礎或靈感來源，讓製作燕麥粥的過程變得好玩又有創意吧！聆聽你的身體，聽聽它渴望哪些果乾、藥草或奶類？

這個版本裡的果乾和香蕉能為燕麥粥帶來甜味，不需要額外加入甜味劑。它富含纖維、維生素、礦物質、適應元藥草和健康的脂肪。你如果比較消瘦，氣元素混亂、容易焦慮、需要更多安定的話，也可以在上面加 1 大匙（16g）杏仁奶油，或拌入一點酥油。

成品：1-2 人份

$^1/_2$ 杯（45g）磨成粉的燕麥（可以自己用攪拌機把燕麥打成粉末）

3 大匙（75g）乾燥枸杞

2 大匙（50g）切碎的乾燥蘋果、李子、櫻桃，或其他果乾

1 大匙（9g）馬卡粉

1 大匙（9g）牧豆粉

1 茶匙（4g）研磨肉桂

$^1/_2$ 杯（120ml）大麻或杏仁奶，或 1 大匙（16g）杏仁奶油

$^1/_2$ 茶匙（2g）肉豆蔻

1 根香蕉

1 大匙（10g）糙米麩粉（tocos podwer）（可省略）

1 茶匙（2g）磨成粉的亞麻仁籽（可省略）

3 滴甜菊萃取液（可省略）

1. 在大鍋子中加入燕麥粉、1 杯礦泉水（240ml）、果乾、馬卡、牧豆和肉桂粉。

2. 小火煮至微滾，持續攪拌，直到變成濃稠的燕麥粥。

3. 拌入大麻奶，稍微稀釋，然後拌入糙米麩粉、亞麻仁籽粉（如果有使用）和甜菊（如果有使用）。

4. 上桌時，搗爛一半的香蕉加入粥裡，另一半切片，放在粥面上。最後在上方撒上肉豆蔻。

綠色野菜炒蛋
Green Wild Egg Scramble

這是我最愛的春季食譜，每年我帶學生去露營時都會做，製作過程的一部分是觀察哪些野菜很充足。我帶著蓋亞學院的學徒時，我們每個人都會採集一把野菜，接著我會做個巨大的炒蛋給大家。很多小孩被這道菜改造成愛吃綠色野菜的小採集者，他們開始很熱衷在家附近採收野菜當早餐，這讓家長都非常開心。

成品：4人份

4 把你選擇的充足野菜（蜀葵和蕁麻嫩葉是我的最愛！）

6個有機農場新鮮雞蛋

1-2 大匙（15-30ml）草飼牲畜奶油或橄欖油

凱爾特鹽和黑胡椒，依個人口味

奇波雷煙燻辣椒（Smoked Chipotle pepper），依個人口味（可省略）

3大匙（28g）羊奶酪（可省略）

1. 大略把野菜切碎，放入已經預熱好的鍋中，開中火。加入 1/2 杯（120ml）水，迅速蓋上鍋蓋，把野菜蒸熟。

2. 幾秒鐘後打開鍋蓋察看，如果野菜已經蒸熟，水也蒸發了，就用鍋鏟在菜葉中間挖出一個洞。

3. 轉小火，在洞裡加入豐厚的奶油，等待融化。然後在洞裡打入雞蛋。

4. 在蛋上撒上凱爾特海鹽，並讓蛋白慢慢煮熟。蛋白看起來半熟時，加入大塊羊奶酪（如果有使用）。

5. 用鍋鏟輕輕打破蛋黃，把蛋黃、融化的奶酪和蛋白攪拌在一起，最後再和綠色蔬菜拌勻。

6. 上桌時佐以研磨胡椒和煙燻奇波雷醬或粉，額外添加一點美味。

綠色野菜沙拉佐可食花朵
Wild Greens Salad with Edible Flowers

春天是新鮮綠色野菜的時節。在世界上的某些地方，我們可以走過森林和草原，同時吃食、宴饗富足生長的野味。去認識當地的可食用野菜，享受一年四季跟你家周圍的荒野建立關係，這樣你既能開心地為土地付出，也能欣喜接受她給你的。

能當作美味綠色沙拉基底的野菜舉隅：

- 繁縷（甘甜而細膩）
- 礦工生菜（甘甜而細膩）
- 野草莓葉
- 香堇菜花葉
- 蒲公英嫩葉（微苦，酌量使用）
- 蜀葵嫩葉（帶有細毛，較厚，酌量使用）
- 車前草嫩葉
- 野芥菜嫩葉（嚐起來像芥末，用來加入一點辛辣色調）
- 薺草嫩葉（有點苦而且比較乾，酌量使用）
- 酢漿草花葉（細膩而帶有美好的檸檬香味，酌量使用）
- 旱金蓮葉
- 野蘿蔔葉和嫩豆莢（美味多汁而辛辣）

可以撒在沙拉上的可食用花朵：

- 紅花苜蓿（剝下花瓣撒上最佳）
- 野蘿蔔
- 野生或花園栽種的芝麻葉（辛辣而美味）
- 芥花（辛辣而美味）
- 蒲公英花（剝下花瓣撒上）
- 月見草
- 玫瑰（剝下花瓣撒上）
- 金盞花（剝下花瓣撒上）
- 琉璃苣花
- 旱金蓮花（辛辣、多汁而味美）
- 迷迭香花

我構成美味沙拉的祕訣就是在同一個碗裡加入所有的味道（酸、甜、苦、辣、鹹），還有多樣化的口感（脆、軟和多汁）。

我的家常沙拉使用綠色蔬菜作為基底，加入花園中的可食用花朵，然後再加進以下材料：切丁的多汁清脆蘋果（像是華盛頓、富士、澳洲史密斯青蘋果）、櫻桃或蔓越莓果乾，還有在鍋子中焗過的南瓜籽、葵花籽或胡桃。我也常常加入酪梨，淋上檸檬汁跟橄欖油，撒點好鹽。這樣的沙拉很能補充水分、很有飽足感，又美味，就連小孩都喜歡。如果有挑嘴的食客，我會在沙拉醬汁裡再淋上一點楓糖，這樣所有的綠色蔬菜都會被掃光。

藥草浸泡蘋果醋
Herbal-Infused Apple Cider Vinegar

藥草醋是藥草師櫃子裡的常備藥，也是廚房女巫可以每天使用的東西。沒加工處理過的發酵蘋果醋本身就已經是種藥了——對消化很好，而且富含酵素；它還能降低血糖和提升免疫力。身為調配藥草的綠女巫，蘋果醋是我最喜歡用來萃取滋養藥藥草用成分的溶劑了。製作蕁麻或繁縷的酒精酊劑（見 124 到 126 頁）對我來説藥效太強烈了，然而用野草製作成藥草醋，卻是藥草與食療和諧交織的一種形式。蘋果醋能美妙地萃取出我們滋養藥草的礦物質和維生素。加入芳香、富含礦物質的植物，例如檸檬香蜂草、檸檬馬鞭草、聖羅勒和薄荷，能添加絕佳的風味，還能增強蘋果醋促進消化的功效。

可以把藥草醋用在料理——加進米飯、炒菜、沙拉醬汁和湯裡；你也可以開始每天早上空腹喝一杯加入 1-2 大匙（15-30ml）藥草醋的水，來強化消化系統、預防感冒。在 $\frac{1}{2}$ 杯（120ml）水中加入 1 大匙（15ml）藥草醋，吃飯時或飯後小口啜飲，有降低血糖值的效果。

這邊有幾個不同的配方；發揮創意吧！在春天盡情遊戲，發明自己的配方，在野草繁盛的時刻，為接下來的一整年補充你的藥草櫃吧！

蕁麻檸檬香蜂草醋
Nettle-Lemon Balm Vinegar

成品：不一定

新鮮，大致切碎的蕁麻或其他滋養藥草
大致切碎的新鮮檸檬香蜂草、檸檬馬鞭草、薄荷、聖羅勒或羅勒
未經特殊處理的蘋果醋

1. 使用任何大小的罐子都可以，其中加入大概切碎的的新鮮蕁麻或其他滋養藥草，直到五分滿。
2. 剩下一半的空間加入大致切碎的檸檬香蜂草、檸檬馬鞭草、薄荷、聖羅勒或羅勒。留下大約一吋的空間，這樣藥草才不會透出溶劑。
3. 倒入有機、未經特殊處理的生蘋果醋，蓋過藥草，並用木製湯匙把藥草往下壓，讓他們完全浸在醋裡。用蠟紙蓋上，由於醋會跟金屬瓶蓋產生反應，最後蓋上蓋子封好。
4. 搖一搖、貼上標籤，貯存在陰暗處。每隔幾天就搖一搖，悄悄跟正在浸泡的藥草説些鼓勵和愛的話語。
5. 四到八週之後過濾，裝罐，放在冰箱中貯藏。盡可能經常使用。

「幫助我消化」藥草醋
Help-Me-Digest Vinegar

　　藥草苦味劑能促進膽汁分泌和消化酶的產生，蘋果醋也有同樣的功效。因此，蘋果醋是我最愛的藥草苦味劑溶液，而不是傳統以酒精為基底的酊劑。再次鼓勵你發揮創意、施展魔法，在春天蔓延的遊戲和煉金術的門扉中好好玩吧！這邊有一道使用艾草製作的簡單苦味劑配方。艾草味道很苦，是腸胃敏感或胃酸逆流的人的好朋友。苦味劑是我們在口中嚐到苦味時，才會生理上、在身體中發揮功效，所以不要添加甜味。只要在飯前二十分鐘，喝幾小口稀釋在水中的苦味劑，就能讓消化系統做好準備了；也可以在用餐時小口啜飲。如果為消化不良所苦，不要在吃飯的時候喝冷飲，因為這樣會稀釋我們用苦味劑刺激分泌的消化液。

成品：不一定

　　乾燥或新鮮艾草
　　未經特殊處理的生蘋果醋

1. 在罐中加入三分滿的乾燥艾草葉，或四分之三滿的新鮮艾葉。
2. 倒入生蘋果醋，直到全滿。
3. 放在陰暗的櫃子裡等待浸泡，四到八週之後過濾。貯存在冰箱中。

春季掃除藥草浸泡醋
Herbal-Infused White Vinegar for Spring Cleaning

　　身為綠女巫，我在生活的所有層面都會呼喚植物盟友的幫助，包括清潔和活化居家空間。有一天，正當我在採收薰衣草花來泡茶時，薰衣草之靈告訴我也採下他們的莖葉，並泡在白醋裡用於清潔。薰衣草的這一部分的確常常被留下不使用，但他們也有薰衣草的藥用成分和芳香精油。就這樣，受到我的植物和花園的指引，這道美好的配方誕生了。用這支藥草清潔劑清洗各種平面，感覺就像在用植物的歌和春天的陣風為神殿塗上聖油。

成品：不一定

　　芳香植物，如薰衣草、迷迭香、由加利、松樹或薄荷
　　白醋

1. 大概切碎你的植物，放進罐子或其他可以密封的容器裡，直到八分滿。
2. 在罐子中倒滿白醋，蓋緊蓋子。
3. 讓醋在陰暗的櫃子裡浸泡數個月。
4. 過濾。用兩份醋兌一份水的比例稀釋。選用：加入 1 大匙（15ml）橄欖皂，像是布朗博士（Dr. Bronner's），和／或 5 到 13 滴薰衣草或由加利精油。試試看你的清潔噴霧，看需不需要調整香氣。
5. 用來清潔居家環境，帶入芳香的明亮感，還有治癒藥草的淨化性質。

鮮榨藥草汁　Raw Herbal Juices

製作鮮榨藥草汁是薩姬・莫芮教我的一項超棒技能，來自熱帶國家的民俗藥草師，在當地以乾燥藥草入藥不那麼常見。赤道附近，藥用植物終年生長，而濕度也讓藥草很難乾燥，所以藥草師不那麼依賴乾燥的藥材，跟我來自的歐洲民俗藥草傳統不同。我非常感謝薩姬教我這個製作新鮮藥草的方法；在春天，滋養的野草豐富生長又新鮮可口時，這是運用植物的方式中我的最愛。

製作像下面兩種配方的藥草汁很簡單，只要在裝滿水的攪拌機裡加入一把新鮮藥草，然後打碎、過濾就行了！把蕁麻打成青醬或青草汁能消除她的刺毛，而不需要加熱；不過還是要過濾一下。如果打的是比較溫和的藥草，例如繁縷，並使用高速攪拌機，一般就不需要再過濾。發揮創意運用生長在你周遭的野草吧！參考夏天的章節，那邊有更多藥草汁配方。

春季淨化藥草汁
Spring Cleanse Herbal Juice

成品：2-4 人份

2 把新鮮繁縷（或其他野草）

半把新鮮檸檬馬鞭草，或一把新鮮檸檬香蜂草（可省略）

4 吋（10cm）蘆薈內壁果肉或 4 大匙（60ml）新鮮蘆薈汁（可省略）

1. 把所有材料放入倒滿礦泉水的攪拌機裡。
2. 高速攪拌，過濾，加入冰塊上桌；或放入瓶中冷藏保存。

蕁麻薄荷汁　Nettle-Mint Juice

成品：2-4 人份

2 把新鮮蕁麻

2 把新鮮薄荷（可省略）

裝滿礦泉水的攪拌機；如果不使用新鮮薄荷，也可以用冰涼的濃薄荷茶。

1. 攪拌、過濾，冰飲。

大地母親的乳汁
Mother Earth's Breast Milk

這道新鮮的藥草汁配方是荒野大地奇蹟的贈禮，每個春天只有兩週左右的窗口供我們享用，也就是野生綠燕麥穗成熟、泌乳的期間。當燕麥穗能擠出一滴白色乳汁時，她對神經系統的修復力會變得甚至更加強大。

成品：2-4 人份

3 大把帶奶的燕麥穗（99頁）、水

1. 依循 36 到 37 頁神聖採收的步驟，收成成熟的燕麥穗，然後把 3 大把燕麥放進裝滿水的攪拌機裡。
2. 攪拌，過濾。

成品會是一杯香濃、淺綠色的能量飲，嚐起來像新鮮、帶有青草香氣的濃醇春天奶水。你的身體會瞬間放鬆，感到平靜和深深的滋養。啜飲這杯彷彿蓋亞母乳的珍饌，你會感到心變得柔軟而開放，同時一波一波的生命力和能量流過你的身體。在春天的植物檔案那一部分可以讀到更多關於燕麥桿的藥用性質。

花精　Flower Essences

春季時分，眾芳歌唱。製作花精是綠巫帶來療癒的一種方式，充滿魔法——讓花朵的頻率和神聖幾何的能量湧進我們的身體和靈魂，充滿我們的頻率。如同順勢療法（homeopathy），花精透過頻率治療。花精通常稀釋使用，因此也應該經常服用。而製作花精是女巫、和她的靈魂共鳴的花精靈，還有火（太陽）、水、地（花）、風（花粉）等元素共同舉行的魔法儀式。傳說雷姆利亞（Lemuria）和亞特蘭提斯（Atlantis）的古代巫醫就是使用花精治療。關於如何領受大自然孕育的花精，我接收過祕密的指導，也見過花朵的純粹在人身上喚醒深層、像魔法一樣的改變。讓花精風靡西方世界的愛德華·巴哈醫生（Dr. Edward Bach）見到花朵的頻率治療是多麼簡單而有效之後，就拋棄正統醫學了。據說在花朵的頻率震動之中，疾病會像雪一樣融去。

製作花精需要一顆澄澈開放的心、一個乾淨的水晶容器或乾淨的罐子，裝著半滿的泉水、你的手札，還有給植物的祭品。

以聖煙或禱告淨化你的身體和靈魂，做好準備；只有帶著一顆開放而充滿感謝的心，才能採收植物。禱告、呼喚諸方神靈、跟藥草茶冥想、執行 95 頁的大地共鳴儀式——任何你需要用來讓自己能量和諧的事。

發出你的禱告，請一朵花選擇你。即使你有特別喜歡的花，想做她的花精，試著以開放的心，在儀式的時刻面對你和任何花朵之間的煉金術關係。你的波長和某一朵花的波長會配對上，讓你的頻率此時此刻所需要的轉化能夠發生；對你的心歌唱的花朵可能會是個驚喜。走過花園或野地的時候，帶著一顆開放的心，聆聽跟你的心有連結的那一朵花。

找到那一朵花之後，跟她坐下，自我介紹。獻上祭品，解釋為什麼你來到這裡。花點時間相處在一起，讓彼此的能量連結，並給出你的全心全意。用一隻小蟲子的視角觀察她。從泥土中抬頭仰望，順著她花瓣上的紋理脈絡。假裝你是一隻蜜蜂。你看見了什麼？你感覺到了什麼？打開你的心，留意她跟你分享的。你也可以選擇跟她冥想，通過手掌跟她交換能量；或繼續透過你充滿愛的注視，以及傾聽的心，更深地掉進花朵裡。花朵曾經引導我，在受到她們能量祝福時，使用自我肯定宣言（affirmations）。所以我會請花朵跟我分享一句肯定宣言，對應她的波長、她的歌。在你的手札寫下接收到的話語。

當你感受到她所分享的事物清晰傳達了，馬上也會感覺到內在能量的轉變，還有她的歌在你心中帶來的療癒。這時候

就能請求允許採收花朵了。如果感覺到「好」，把裝著一半泉水的罐子打開，放在植物下方，捏一下花莖，讓花朵掉落在水面上，正面朝上最理想。把罐子放在植物母株的根部，放在大地上，暴露在直射的陽光下。經過大約三個小時後，太陽的光會把花的神聖幾何生命波長轉載到接受性的水體之中。三小時過去後，用一根植物的莖或手指取出花朵，不要碰到水面，然後在花精中加入白蘭地，填滿罐子。這就是你的母瓶（Mother Essence）——現在罐子裡有一半是純粹花精、一半是白蘭地。搖一搖罐子，從心向花精說出肯定宣言，還有感謝。在罐子上貼上標籤，註明花朵的名稱、肯定宣言和日期和地點。再次感謝植物、獻上祭品。

現在，你可以製作濃縮花精（stock essence）慷慨和朋友分享了，同時把花朵的治癒之歌傳播到人類這個物種之中。在一個小罐子或滴管瓶（4 盎司，120ml 就可以了）加入一半白蘭地、一半水，滴入 7 滴母瓶花精，搖均，同時說出肯定宣言，讓它像光一樣從心中透出。人們常常會學到再做第三次的稀釋，製成單隻瓶（dosage bottle），也就是再次在另一個小玻璃罐中加入水／白蘭地混合液，然後滴入幾滴濃縮瓶的花精。不過，我偏好使用濃縮花精直接加入茶、水中等等。

使用花精的時候，多做一些濃縮瓶，然後把一罐放在浴室、一罐放在喝水的地方、一罐放在浴缸旁、一罐放在包包裡、一罐放在車上、一罐放床邊，放在各種地方。我們頻繁地把自己的頻率調整成花精的頻率，直到我們的身體可以保持花朵的波長，然後就能從這支花精「畢業」，開始用下一支了。使用方法：加幾滴在水壺裡、浴缸裡、臉部保養噴霧裡、食物裡等等。經常使用。飲用或滴在舌下時，說出肯定宣言，在心裡、靈魂裡，還有你所有歌唱的細胞裡，都深深知道療癒完成了！So it is!

花園中，大地上

春天，是種下象徵的和真正的種子的時刻，這樣我們才能享受果實累累的豐收夏天。

春天，我們在喜悅中夢想著、計畫著將要在整個夏天栽種的花園。首先留意你已經有的：哪些植物自然生長在你家周邊？也許前任地主種下的球莖植物每年春天都會自己冒出來。你可以怎麼樣進一步發展季節既有、多年以來的風貌呢？

身為大地的照顧者，我們的目的是鼓勵和支持成長與美，而不對地景造成太劇烈、太深的改變。你可以怎麼樣支持你已經有的，然後從那裡繼續發展呢？你家周遭哪些區塊有好的土壤？種子在哪裡很容易生根發芽？花時間觀察你的土地和花園在所有季節中的變化，確保最好的選擇也能在春天出現。從小地方做起。每個春天你都能一層一層加上轉變，學習什麼實現了、哪些夢和想望最終無果。在永續農業裡，實施任何改變前，我們會觀察一片土地一整年。這樣可以避免投注大量能量（時間、金錢、植物和土壤）行動，卻沒有對生態系統帶來最大的好處。因此我們著眼於現有的能量，從既有的開始建築，把我們的努力和整個大自然一起煉化，這樣整體就能比部分的總和還要巨大——讓土地和人類社群兩者都能興盛繁榮。

在荒野中，我們可以造訪照料的區域進行採集，問候跟我們建立起關係的植物的新生。我在早春常常走進我的祕密採收地點，就只是去拜訪和說聲哈囉，就像去看新生兒一樣。看見親愛的植物朋友從冬天的沉眠中甦醒，是一件非常美好的事；然後我會留下禱告和供品。隨著他們成熟，我就會去採收充足生長的野草，乾燥備用或做成藥草醋（見83到84頁）。春天是學習辨識植物很棒的時候，可以觀察他們的成長變化跟成熟。有些野草還是年輕幼苗時非常好吃，像是薊和芥末，但隨著成長，他們會改變，味道和質地也沒那麼好了。

樸門農法和再生的農耕方式

理想狀態下，觀察你守護的土地一年，留意雨季時水的流向和匯集地，還有太陽的移動軌跡。冬季月分，樹葉落光、太陽低微的時候，你花園的哪些部分有陽光？夏日陽光會打在哪裡？哪裡是完美平衡的地點，有著充足的陽光和濕氣，以及肥沃的土壤？也思考你所在地的氣候。例如，如果你住在美國，把夏季花園種在能夠完全暴露在陽光下的地方最理想，因為生長季節很短，而夏天的暴雨也會保持花園濕潤。在像南加州這樣的區域，夏天又熱又乾，你的花園反而可能需要一些附近的樹或灌木的庇蔭，才能長得好。在這些地中海型氣候下，落葉木會在冬天落下葉子，這時花園需要所有可以獲得的陽光；這些樹木也能在酷暑創造更多濕氣和涼蔭，讓你的蔬菜不被灼傷。

思考自己怎麼跟你照料的土地互動；把你的糧食作物花園規劃在最靠近廚房和家的地方。在樸門農法中，我們基於經常使用的地方和它們需要的空間來規劃不同區域。廚房花園不需要很大就能生產不少食物，但，舉例來說，一座果園就會需要更多空間了。不過果園也不需要那麼經常每天察看，所以可以種在離家更遠的地方。

找到準備好成為花園的地方，用來種食物、多年生藥草或花朵，然後注意哪裡的土壤比較貧瘠；在這些地方，專注在培養肥沃的土壤，這對欣欣向榮的花園來說是先決條件。每次種植物的同時，也應該培育土壤；種覆土作物是治癒大地與製造表層土的極佳方法。

使用再生農法的農人透過改變耕作方式，來治療地力竭盡的土地。你也可以在比較小的規模運用同樣的方式。如果你要

開始栽種的土壤很緊實，像岩石一樣堅硬，可以學習再生農法的不翻土農耕（no-till method）。翻土會釋放土裡的碳到空氣裡，還會殺死土壤本身的生命；所以不要翻土，而是在第一年種白蘿蔔，他們的根能夠穿透堅硬的土壤，腐爛分解時也會為土壤加入氮、養分和有機質。混種覆土作物——也就是能固氮的植物，例如甜豌豆和野豌豆。在他們還是綠色剛開始開花的時候，「斬斷落地」("chop and drop")：把他們剪下，澆水、蓋上乾草或苜蓿草，在土壤上創造一層逐漸分解成肥料的覆蓋物。只要在貧瘠的土壤裡種植覆土植物，一個季節之內，很可能你就可以輕易把手滑進新產生的肥沃、充滿生命的黑土裡了，它會讓你的花園蓬勃生長，種子很容易就能生根發芽，長成營養滿滿的食物。畢竟，蔬菜水果養分的含量，最多只能跟他們生

長的土壤含有的一樣多！除此之外，培育土壤與實行再生農法可以滋養你身處的小型水循環、補充地下水、把碳從大氣中收回土地，從而幫助逆轉氣候變遷危機。意識到我們能在自家後院為地球創造那麼多正面的改變，是非常讓人感到充滿力量、振奮人心的事！不用感到壓力 —— 種下混合的覆土作物就是個開始。花園會教導你；泥土也會開始跟你說話。

傳粉者、多年生植物、生命與死亡

　　栽種花園的同時，也請確保你在幫助生態系統裡的傳粉者。加入當地原生的野花和多年生藥草，吸引蜂鳥、蜜蜂和蝴蝶，更能幫助你和花園的繁榮。種植種類繁多的植物非常有益；視覺美觀上，你可以把植物密集種在一起，同時確保整個空間的多樣性。最好也放下有座精心修剪整齊花園的期待。不管你怎麼做，絕對別把葉子跟植物廢料丟棄在自己土地之外的地方 —— 而是把它們撒在植物的基部，製造覆蓋物。如果無法忍受這樣的景象，可以使用你覺得好看的覆蓋物，或種植覆蓋地面生長的植物（地被植物），這樣泥土就永遠不會暴露出來，不要的葉子也能就地堆肥。也可以考慮加入鳥浴池來欣賞牠們。邀請生命前來！多樣性能促成適合成長繁盛的環境。也邀請死往的到來！富含腐朽和肥料的花園，就是生命不費吹灰之力生長的園地。

游擊園藝　Guerilla Gardening

如果你住在市區，或經常造訪的地方有空著的停車格、小徑，或任何沒有被愛護的小片土地，可以考慮偷偷領養一塊這樣的公共空間。找出在你的區域哪些原生種子長得最好，接著在晚上伴隨禱告把他們撒下，用這樣的方式來讓我們的城市找回荒野！跟朋友一起做種子炸彈——用種子、堆肥、黏土和泥沙做成的小球——把它們丟在空地隨雨水溶化，釋放出種子和肥料。我還因為開車經過市區停車格，從車窗投擲種子炸彈而被人們認識呢！當你激進地愛著健康的生態系，可以有多麼多的樂趣呢？為了自己以外的人們還有地方播種，你可以多慷慨大方呢？在城市中尋找食物的傳粉者將會發現你為牠們創造的小小植物聖地；一朵野花會逗笑一個孩子的心。美和遊戲都能夠為我們帶來療癒。

春天可以做的事情

花園任務

- 栽種種子！
- 在室內培育種子再移植到花園（番茄、南瓜、羅勒和其他夏季一年生植物）。
- 直接在地上種野花。
- 翻堆肥。
- 種植活覆土物（春天的覆土作物組合）。
- 任憑野草生長。真的必須的話，把他們修剪到基部，留下草根，以免打擾土壤中重要的生命網絡。
- 栽種花園。
- 前往當地育苗園。
- 種植球莖和多年生花草。
- 種植果樹。
- 用堆肥和／或堆肥茶餵養花園

藥草櫃任務

- 採收野草並乾燥貯存，這樣一整年就都能有春天的滋養了。例如，可以採點蕁麻、繁縷、覆盆子葉和原拉拉藤。
- 製作滋養藥草醋，在蘋果醋裡萃取野草的礦物質和營養豐富的成分。
- 製作苦味藥草幫助消化。
- 製作花朵和新鮮年輕植物的甘油酊劑。
- 食用野菜和花朵。

生態動力學堆肥茶：小小一步帶來大大影響

生態動力學農法的祖師爺，魯道夫・史坦納是個匠心獨具、聰穎又有願景的覺醒人類。他製作生態動力學堆肥的方法很容易實行，對土地和植物的療癒也很亮眼，能種植出帶有最佳養分的高品質食物。

生態動力學農法有時候很複雜，但這一項技巧很簡單，如果可以弄到一點生態動力堆肥，你自己也可以做，而這種堆肥現在市面上也越來越常見了。需要更多關於生態動力農業的資訊——還有購買相關配備——可以上約瑟芬・波特研究所網站查看（Josephine Porter Institute, jpibiodynamics.org）。

你需要：
- 容量5加侖（19L）的水桶
- 2把生態動力肥
- 水
- 1根帶有葉子的樹枝、小掃帚或只用在這個用途的馬桶刷（這是我親愛的農夫師父傑克教我的）

把肥料放進水桶中，加水至大約八分滿。伸直手臂攪拌混合液，創造出像龍捲風一樣的漩渦，接著改變方向用同樣的方式攪拌。史坦納說這兩個方向的螺旋運動同時象徵也帶入宇宙的秩序與混亂兩種能量，生命之網的一切都從那裡誕生。讓希望你的土地和大地健康的意念從心中傾倒出來，經過你的手，進入水和堆肥茶承接的身體中。持續這樣的動作幾分鐘，直到茶湯變得絲滑，就是活化、準備好了。

把樹枝或刷子沾進水桶中，用這溫和的葉用茶汁祝福植物和土地；把手抽到身後，然後向前移動，彷彿你正在丟球，然後讓茶湯滴落在大地上。不需要使用很多，但若能覆蓋植物的葉子會非常有益處，因為葉子能吸收茶裡的養分。

你也可以參照生態動力學日曆（網路上有免費的版本），來知道一天是葉日、花日、果日還是根日。根據當天的能量運作，你施的肥會餵養植物生長的那個層面的能量。例如，如果你想要鼓勵玫瑰開花，就在花日施灑；如果玫瑰葉鏽黃，就在葉日施灑；如果植物垂死，每天或隔天重複施灑數次，直到看見改善。

春季儀式

身為人類，我們仰賴著自然的新生。將我們織進甦醒的生命和土地的儀式，是我們祖先最古老的儀式，其中很多我們至今仍在執行。例如，復活節和逾越節都源於古代大地信仰儀式，慶祝春天的重生，並讓我們和這份能量共鳴。復活節慶祝「太陽神」耶穌基督的復活，同時把孩童在花園中尋找彩蛋的喜悅、在火上燒烤的羔羊以及淨化與祝福的儀式編織在一起；而這些符號的歷史比基督教節慶還要久遠。兔子是大女神的古老象徵，而蛋象徵著宇宙。據說德魯伊會把蛋塗上經血一般的紅色，在新犁過的田地埋下，餵養大地的生育力。

死亡和黑暗籠罩的苦難情感，對應到漫漫長冬和漆黑夜晚的原型，而逾越節的儀式帶領我們離開那份苦難，進入一個民族長久等待的喜悅新生，還有在一片嶄新土地上的嶄新生命。和逾越節餐食相關的種種神聖食物儀式包括加入春天帶有苦味的綠葉，還有邀請孩童參與──這些都織入了青春、生命力和純真。

以下是我最重要的一些春季儀式，很多都非常簡單，卻對改變和換新能量有很深的效果。

花之曼陀羅與追求大地
Flower Mandalas and Courting the Earth

當我們在流年的巨輪上前進，身處春天和逐漸成熟的少女原型的能量裡，我們就進入了豐饒、狂喜，還有追求心愛之人的門扉。奉獻和祭祀大地的儀式，很適合把春天的能量編織到在你周圍到處發生的偉大羅曼史裡面。你如何成為大地最全心奉獻的戀人呢？你是怎麼追求那親愛的（The Beloved）呢？對黎明歌唱、為精靈仙子留下花朵，還有隨機進行美與善的行為，感覺起來又是如何呢？

在春天創造一幅花之曼陀羅就是這樣的儀式。如同詩人魯米（Rumi）說的：「讓我們所愛的美，成為我們所做的。有千百種跪拜、親吻大地的方式。」

讓採集花朵成為儀式。帶著禱告走過花園，詢問哪些花朵想要成為美的獻禮。帶著感謝摘下她們，放進提籃裡。或者，也可以在你的社群中創造一幅花之曼陀羅，邀請每一個人帶來花朵。為曼陀羅立下意念，邀請儀式自己發生，毋須透過言語溝通，而是帶著想要像同一個蜂巢的蜜蜂那樣彼此合作的意念，在和諧與煉金術之中工作。邀請你的朋友在大地上留下花朵，然後開始依照直覺擺放。開始之前，在立下意念像同個蜂巢的蜜蜂一樣協作時，我會分享：移動別人放下的花朵也沒關係，對自己的創造也不用太執著──因為整體會比部分的總和還要巨大。我們就這樣創造美，最後退後一步，欣賞它的全貌。結束時牽起彼此的手，有時候也能說一些禱告，或把這份禮物獻給大地的話語。

大地，我的身體：讓你的身體和大地之母的身體和諧共鳴

地球磁場在7.83赫茲的頻率振動，此即舒曼共振（Schumann Resonance）。科學家現在逐漸發現「接地氣」（earthing），或每天赤腳踏在大地的表面上二十分鐘，能對身體帶來深層的療癒和消炎效果。前往外太空旅行的太空人，也會使用一種創造這種點磁場震波的機器。我們就跟植物一樣──如果被連根拔起、失去和大地的聯繫，就會變得孤立、生病，然後死去。

你可以每天讓身體和大地的磁場調和，帶來最佳的健康平衡狀態。雖然這把我們織進北方之門的地能量裡，常常是在春天蓋亞開始甦醒時，執行這個儀式才比較容易。它感覺起來是深深的安定與沉澱，令人平靜，但也同樣驚人地讓人充滿能量。能量和諧時，你的思緒會感到平靜、身體感到放鬆、心感到振奮，而靈魂感覺煥然一新。

1. 走進大自然裡──你的花園、一座公園或任何你可以接觸到大地身體的地方。

2. 躺下。建議先從仰躺開始。閉上眼睛，把手掌放在大地上，或放在肚子或心上，開始深呼吸，每次吐氣時都釋放緊繃。

3. 花幾分鐘感覺你的思緒平靜下來、身體放鬆，感覺大地的擁抱支撐著你。常常只需要五分鐘，就能感覺到自己能量中出現很深的不同，還有一種安定感。

4. 接著翻面。用身體另一面躺在大地之母的肚子上時，你會發現另一層全新的感受。再次閉上眼睛，呼吸、放鬆、放手，並領受大地賜予的。

這是我在任何典禮儀式或教學之前最喜歡做的事，也是最迅速又最深層地和大地的治癒波動調和的方法，而且只需要十到二十分鐘。當然，你也可以做好幾個小時，感覺一定會超級無敵好。讓身體躺在大地上越久，就會有越多的「門」開啟。

蛋的淨化　Egg Cleansing

這個儀式是種霖丕亞儀典（limpia ceremony）[7]，由一位薩滿老師以及墨西哥的女人跟我分享；這是種在許多文化中都能找到的民俗儀式，但我發現它尤其明顯揉合在拉丁美洲的民俗療法之中。儘管我是波蘭裔，還是帶著許可，謙卑地傳承這份技藝。分享這個方法的時候，很多我認識的拉丁蓋亞女巫都會大笑，告訴我她們的媽媽或姑姑阿姨也會這麼做——如果有人頭痛或壓力很大，她們會大叫：「拿 huevo（蛋）來！」能夠見證這些傳承拉丁遺產的姊妹，在尋回這個美麗的儀典時流下眼淚，對我的心而言是多麼大的福氣——這個儀式那麼簡單，卻又那麼深沉、那麼治癒。有時候，我們還是少女的時候拒絕的事物，會在螺旋之舞中回到我們身邊，而可能成為將我們和祖先編織在一起的傳統。

這個儀式能清除能量體上的負面和沉重能量，也能用來舒緩能量造成的壓力和緊繃頭痛，對心也很有淨化和安寧的效果。你可以在家自己做這個儀式，但我喜歡在戶外進行，幫他人做，也請他人幫我做，而不是替自己做。

我跟我年輕的女兒常常一起做這個儀式，在花園裡鋪上一塊毯子，送給對方一場蛋的淨化，或雞蛋全身按摩。芙蘿拉喜歡我一手拿一個蛋，她閉著眼睛躺在大地上，而我在她身上進行儀式。成果永遠都

會是一個洗滌一清的靈魂、溫柔、開放而充滿驚奇與尊敬的心。

你需要：
一顆蛋，最好來自有著快樂自然生活的雞

1. 把雞蛋握在手中，閉上雙眼，連結你的禱告或意念。

2. 接著用雞蛋揉遍自己或另一個人的全身。從頭開始，按摩臉部和脖子，然後往下移動，直到腳趾。

3. 注意到蛋如何從身體上吸出沉重的能量，讓你或接受儀式的人感覺更輕盈。

4. 讓雞蛋回歸大地，致上感謝。

7 譯注：一種中南美洲的傳統淨化儀式。

神聖播種　Sacred Seed Planting

　　每次播下種子的時候，都是把你的意念、禱告，甚至生理上的需求，編織到種子的奇蹟和潛力裡的好機會。

你需要：
種子

1. 透過孩童的雙眼觀察你手中的種子。沉浸在驚奇和讚嘆之中！每顆種子的大小、質地、形狀和顏色都不一樣——像研究一整個世界一樣研究他們。

2. 打開你的心，感受你的種子魔法和種子片刻之中蘊藏的永恆。這些種子都來自古老的家系，有著許多土地的故事、承載著禱告和人們的偏愛，是一代又一代的人栽培、保護、散播這些種子，他們才能來到你的手中。他們也有著延續到永恆未來的潛力；就像一顆種子能長成一株植物，可能結出數千個種子，我們每個人也都能夠造出數千個子嗣。

3. 現在讓你的禱告和意念感受到他們進入的這份龐大！觀想潛力、時間和超越時間的路。

4. 把禱告說進種子裡。我喜歡的方式是躺在大地上（先調和身體和大地的能量——見95頁），然後把種子放在子宮的位置或肚子上。如果種子很小，我一般會把他們握在手中，把手放在心上。你可以對種子小聲耳語，也可以直接和他們說話。

5. 另一種移轉能量的方法是：把種子放在舌頭下方片刻。觀想你的意念，或就只是躺在大地上，讓你身體的黑暗與你生理的訊息，以能量的形式透過唾液轉移到種子裡。然後把種子放在手心，把他們舉向太陽，同時說出你的禱告，施行月亮和太陽能量平衡的咒法。

6. 最後，把種子播入大地之母黑暗的肉身裡。

春天之門的
藥草

燕麥稈 *Oat straw*

拉丁學名：*Avena sativa*

植物科名：禾本科（禾草家族）

　　燕麥是一年生的禾草，原生於歐洲北部，目前遍布全世界的草原和山丘。她能在貧瘠乾燥的土壤裡快樂平和地生長，也被人工種植作為食物；綠色的燕麥田在春風中舞動，在夏末的陽光中變得金黃。每顆植株都能長到 4 英尺高（1.2m），有著中空帶節的莖。淡綠色的葉扁平狹長，綠色的花在莖的末端呈鬆散的穗狀生成，每個小穗由兩個小花組成。在燕麥穗變成穀粒前，你可以擠開花穗釋放出一滴「奶水」。她的花朵雌雄同株，透過風授粉。

藥草特性

* 營養補品、滋養藥草，是食物也是藥：富含蛋白質、脂肪、礦物質、維生素 B，以及非揮發油（維生素 E 的來源）。
* 補心：強化心臟，而且是降低膽固醇的好幫手。
* 安神：帶來平靜與放鬆，修復神經系統；持續使用能帶來寧靜平和的狀態，同時讓身體充滿能量。
* 外用潤膚：安撫、滋潤發炎的肌膚；鎮靜濕疹、皮疹等等。
* 充滿壓力時的好戰友，能強化身心、從抑鬱中拉我們一把，振奮精神。
* 增加精力和性能量；平衡荷爾蒙。

植物靈療癒

　　燕麥稈之靈溫柔滋養，感覺起來像是陽光中的微風、濕潤的原野。壓力來襲、神經系統崩潰的時候，呼喚燕麥稈之靈，她會把你傳送到一片曠野的平靜和喜樂裡，那裡青草舞蹈、馬兒放牧；在那裡，當你躺在她豐饒的土壤上休息時，她會安撫你的神經，為你的身體注入所有需要的養分，讓它能夠放鬆下來，相信自己好好被照顧著。你的心會越來越有自信和力量，而你休息好、復原以後，或許會感覺到一股能量和喜悅湧上來，敦促你像個孩子一樣跑過原野。燕麥稈為變得苦澀而封閉的人帶回青春和生命力，她能夠在心、思維和太陽神經叢中建立信任和平衡，提升自愛、自信，還有內在平和與和諧的感受。充滿活力、身心滋潤、感到連結，我們重新找回了對生命的動力和熱情。

最愛用途

* 隔夜熱泡茶（每天飲用，持續一個月或更久）。
* 加入其他滋養藥草。
* 燕麥奶酊劑，我最愛的安神藥草。
* 新鮮燕麥奶汁（大地母親的乳汁，81 頁）。
* 燕麥種子加洋甘菊做成的兒童藥浴，能安撫情緒、帶來平靜。
* 泡過水的燕麥可以做成面膜，輕輕搓揉能去角質。

牛蒡 *Burdock*

拉丁學名：*Arctium lappa*

植物科名：菊科

　　原生於歐洲與亞洲，牛蒡生長在全球溫帶區域，是種常見的野草。常見於原野、樹林和路邊，牛蒡喜愛失衡的土地，他會用直根汲取深層的滋養，同時治癒大地。在西方和在中藥裡，牛蒡根都被視為排毒淨化的珍寶，可以在秋天挖起生長了一年的植株的根。牛蒡是兩年生植物，有著很長的莖和巨大、波浪狀的葉，可以生長到 6-10 英尺（1.8-3m）高、3 英尺（0.9m）寬；他的直根也可以長到 3 英尺（0.9m）長。可以透過他粉紅、紫色的花，還有像魔鬼氈一樣黏人的棕色毛刺辨認他。

藥草特性

- 營養、滋養藥草，能作為修復性的食物和藥。
- 富含菊糖：助消化、幫助吸收養分。
- 排毒：淨化血液、暢通肝臟。
- 改善體質（alterative）：促進排泄器官作用。
- 照顧淋巴系統：清理淋巴系統。
- 清除身體因為排毒而產生的皮疹、乾癬、濕疹、痤瘡和紅癢。
- 利尿。
- 具有抗菌和抗病毒的效果。
- 抗癌：輔助治療癌症。
- 滋養生殖系統、神經系統、免疫系統、消化系統，安定身體，同時溫和清理舊能量、情緒和毒素。

植物靈療癒

　　牛蒡之靈深深地安定、強化身體，滋養又提供支持，他能夠溫和但有效地抵達傷口的根，移除老舊、鬱積的能量。他來自大地的根能為海底輪（根輪）帶來支持和療癒，同時移動體內的水元素，淨化情感的領域，也滋潤生殖輪的創造力中心。持續使用牛蒡，能在太陽神經叢和消化系統創造溫和但深層的改變，暢通、強化排泄器官。我們請牛蒡幫忙後，身體常常會開始進入很深的地方，從腸道排出更多廢物，而代謝變得更加平衡，我們情感上和心靈上也會感覺更輕盈。療癒發生的期間，牛蒡的植物靈能帶來極大的支持——讓我們的靈魂感到被接住、哺育，深深地被愛著。這種能量感覺起來像是令人安心的男性能量，而我見證過很多這樣的療癒發生：一個人身上的內在男性和女性兩個層面進入更和諧的狀態，對男性的憤怒被洗去；而對安全男性能量的感覺和具體經驗，滋養、療癒了身體、心和靈魂。

最愛用途

- 隔夜熱泡乾燥或新鮮藥草（飲用一個月或更久）。
- 食療：加入米飯、高湯、大骨湯、蔬菜濃湯裡。

其他用途

- 葉可以外用濕敷。
- 愛情魔法。

蕁麻 *Stinging Nettles*

拉丁學名：*Urtica dioica*

植物科名：蕁麻科

　　這種多年生藥用野草蔓生於世界各地的荒野，自古以來就被當作食物、製作纖維、入藥和用於魔法。蕁麻喜愛森林、林地和濕潤的土壤。她們通常成簇生長，植株可以長到3–6英尺（0.9-1.8m）高、2–3英尺（0.6–0.9m）寬。她們的葉呈鋸齒狀，收攏成一個尖點，莖葉都覆有刺毛。春天，蕁麻柔軟的嫩葉能作為食物，也是個營養、淨化的適應元藥草。夏季月分中，她們會開出穗狀白色細緻小花，像一串串耳環垂下。她可入藥的種子可食用，也能榨油；根在秋天採收。

藥草特性

- 營養、滋養藥草：充滿維生素、礦物質和酵素。
- 適應元藥草：構成新組織、注入活力、療癒、補充滿滿的生命力。
- 養顏美容：促進頭髮生長、強化指甲和皮膚。
- 藥草的基石：我們的原點，非常安全的藥草，第一選擇，適合所有年齡。手術、受傷或生病之後，用來治療、滋養身體，補充能量。
- 消化系統補藥：幫助吸收養分。
- 淨化：支持排泄器官。
- 腎臟補藥：利尿，清潔尿道。

- 神經補藥：治癒腎上腺、安定身心、提振能量。
- 循環系統補藥：照顧心血管系統。
- 消炎、抗過敏源、強化免疫系統。
- 抗風濕：局部使用，拍打發炎關節。
- 治療前列腺腫大。
- 月經／懷孕藥草：規律經期和荷爾蒙、造血，為懷孕、產後、泌乳和更年期提供的養分。

植物靈療癒

　　作為藥草，蕁麻是綠巫的「門路」，把我們織回內在和大地之中一切荒野、自由而充滿生命的事物。第一次喝下濃郁的隔夜冷泡蕁麻茶，有一種對深層滋養的渴被滿足了，而時常我們的細胞和靈魂在這之前根本不知道自己有著這樣的渴。這能安定靈魂，釋放身體和情緒上的壓力，化解海底輪中的恐懼和緊繃。如此我們就能變得更加安穩踏實，而能夠把滋養和大地能量帶進身體。每天使用，會發覺在備受滋養的狀態下，自己有多麼不同：基本需求被滿足了、心房敞開、荒野和生命的味道點燃我們的靈魂、喜悅和自我意識。生殖輪和水元素也同樣被滋潤，而太陽神經叢、消化系統和勇氣的中心也被喚醒，於是我們能有更好的界線——溝通自己的「要」和「不要」時更加輕易、明確。蕁麻做自己、從不妥協，有自己的脾氣，也充滿了深深的愛和野性。如果我們沒有好好捍衛自己或大地，或我們毫無原則給出自

己的能量而變得精疲力盡,她都會好好說我們一頓。她是照顧者、治療師、母親、創作者的強大盟友,也能支持任何想要強化溝通和心智的人。蕁麻一成為盟友,就會變成基石、永遠的摯友。

最愛用途

- 用乾燥或新鮮藥草加冷水隔夜冷泡(飲用一個月或更久)。
- 食療:像菠菜一樣烹調蕁麻——試試看蕁麻鹹派、湯或青醬。
- 把蕁麻茶渣放進花園堆肥。
- 用熱水二次回沖蕁麻,然後拿來沖洗頭髮。

其他用途

- 纖維用於衣物和製紙。
- 保護咒法。
- 自然染料。
- 堆肥的活化劑,能讓大地再生;用蕁麻茶為土壤施肥。

北美聖草 *Yerba Santa*

拉丁學名：*Eriodictyon californicum*

植物科名：紫草科，水葉草亞科

　　這種多年生的深綠色灌木油亮，有黏液，原生於加利福尼亞、奧勒岡和北墨西哥，生長在乾燥、陽光充沛的坡地和山上。他大約能長到跟人一樣高，春末會開紫色的小花，呈圓錐狀，美得驚人。你可以在野外發現這位太陽和大氣的朋友，葉子覆滿沙漠的塵土。一場野火經過我附近的土地後，北美聖草是最早回歸的植物之一，而且長得比我之前見過的樣子還健康、還高大、有活力、明媚動人，全然重生，煥然一新。又過幾年之後，那一片聖草枝繁葉茂，重獲新生。

藥草特性

- 祛痰：肺部與呼吸道感染的絕佳盟友，促使身體咳出黏液，釋放深沉陰暗的淤積能量。
- 擴張、暢通支氣管：打開呼吸道，讓人舒服呼吸；是有季節性過敏和哮喘患者的好夥伴。
- 富含芳香精油：北美聖草的苦味和辛味讓他有祛風的功效，能幫助消化。
- 抗微生物：他的精油能殺死微生物，對黏膜組織有清理淨化的效果。
- 數千年來被他生長土地上的原住民使用著；他的名字「yerba santa」指的就是「神聖的藥草」，顯示他被用於各式各樣的病痛不適。
- 我很喜歡把這種藥草加入香煙配方中，感受他用美好的香氣開啟我的呼吸和肺葉。

- 北美聖草也在冥想中告訴我，可以用他來保持口腔健康；健行時，我常常用他的葉子按摩牙齦，可以感覺到這樣能促進牙齒附近的血液循環，清潔髒汙

植物靈療癒

　　北美聖草能安定靈魂、安撫神經系統、平靜思緒、開啟呼吸，這樣的特質讓這位植物靈成為冥想和薩滿之旅的絕佳夥伴。他也能深入黑暗的地方，點亮陰影，同時把心靈簇擁在平靜之中，提供充滿著愛的支持。黑暗消散，他也常常讓我看見什麼被療癒了，或著怎麼補救不好的情況。喝下他的時候，他帶有樹脂和淨化效果的油脂會覆蓋我的喉嚨和身體內部，打開我的肺葉和心，讓我能好好呼吸。北美聖草之靈帶來的贈禮是淨化、平和以及寧靜，同時還能改變意識狀態，幫助我們進入更深的意識和冥想狀態；在我們安定、心如止水、根植大地的情況下，開啟第三眼和頂輪。

最愛用途

- 熱茶用於治療感冒、肺部感染還有冥想。
- 和毛蕊花葉混合成藥草香煙。
- 泡蜂蜜，或蜂蜜／酒精靈藥。
- 作為咳嗽糖漿的材料。
- 在野外用來摩擦牙齦，保持口腔衛生。
- 在荒野中坐在他身旁，欣賞他沉澱、平靜的美好氣場。

東方之門書寫提示

反思內在的風元素。

風元素平衡時：

- 絕佳的想像力、遠景與才智，和將夢想化為現實的踏實能力平衡（跟地元素平衡）。
- 心態開放，跟了解自己還有保持良好的界線平衡（跟火元素平衡）。
- 以平衡的方式思考與感覺（與水元素平衡）。

風元素失衡時：

- 思緒紊亂、坐立不安、沒有恆心、無法堅持或健忘（需要更多地元素）。
- 焦慮、緊張或多疑（需要更多土元素，以及平衡火元素）。
- 同時執行過多任務、參與過多企劃；無法專注於一件事（需要更多地元素）。
- 無法感受到情緒、無法在身體中和情緒共處，想要用理性解釋感受，讓它們消失（需要更多水元素）。

閉上眼睛，呼喚你的內在小孩或少女原型。

在手札中書寫，反思你可以怎麼哺育自己的內在少女原型：

- 如何製造更多真誠又自然遊戲的機會呢？列下一張清單，寫出你想要和自己或他人有的遊戲約會，然後把它們加進日曆中，讓它們發生！
- 如何讓自己處於對的時間和場所，然後來一場冒險？
- 什麼事會很好玩？
- 你的內在小孩愛什麼？
- 為自己接下來的一年、你的夢想職業、家庭和人生製作夢想板。還有哪些好玩、有創意或實際的方式，能讓你夢想、計畫未來？
- 有哪些新習慣是你想建立，然後化為你存在方式一部分的？你可以從哪些小地方開始做起，再讓它開花結果。

第 5 章

大地魔法與夏天的藥
熟成與綿延：行動與轉化｜南方·火·母親

南方之門一瞥

元素：火

時辰：日間｜上午十點到下午四點

月相：滿月

陽曆季節：夏天｜六月、七月、八月

大地聖日：仲夏夜（Litha，夏至）｜六月十九到二十三日

生命之輪原型：母親｜二十一至四十一歲

能量：成長、擴張、哺育、行動、轉化、創造、照顧他人、責任、承擔、作為母親、建立人際網絡、運行能量、煉金術、出現在大眾面前、為豐盛的未來規劃、努力工作、變得更有韌性、冒險、練習勇敢

療癒藥草：

循環系統補品 山楂果實、迷迭香、檸檬香蜂草、可可、肉桂

強健身心／振奮精神／抗憂鬱藥草 紅景天、五味子、聖約翰草、檸檬香蜂草

潤膚藥草 金盞花、蜀葵、康復力、滑榆木

消化系統補品 滋養藥草、適應元藥草、苦味藥草、祛風藥草、香料

滋養藥草與適應元藥草 蕁麻、繁縷、牛蒡、五味子、刺五加

花園照料：花園這個時候需要大量的照顧工作，包括收成、除草、修剪、堆肥、覆蓋土壤、灌溉澆水等；有充足的藥草可以收成、炮製酊劑、乾燥、保存；夏天的時候，我們在花園越勤奮，就能產出越多食物和藥石

藥草櫃：採藥與製藥；使用新鮮或乾燥藥草製作酊劑、浸漬蜂蜜

儀式：慶祝、社群、豐饒、慷慨、豐收、蛻變、火、賦予力量和過渡的儀式

Gaia speaks

蓋亞說……

提籃滿載、
果實完熟、
燠熱的陽光在我的肌膚上滾燙。

汗水滴落。
愛從我心
流淌，哺育萬物、土地、血親。

付出也拿取，
能量循環，讓力量
於內在成長，
也在天上，也在地下。

鑄鐵的大鍋，
像滿月一樣圓滿，
裡面的火
是勇氣與真實的柴火

在力量中，我站了起來，
轉化視野中一切存在，
從毒藥中提煉良藥，
從生命領受滋養。

擴展並且去做，
負責又真實，
充滿力量，我開始行動，
我的存在就是禮物，像完熟的果實流淌甜汁。

現在，就是我的時刻。
吃下我吧！我也將吃下你。
我生下生命、勞動、蛻變。
從種子中培植出食物。

在我體內有一場革命
以激情和透澈為薪。
即便我被編織在責任裡，
我也能扭曲時間和空間的法律
因此在你能看見的地方之外
我知道我擁有真正自由的生命。

為了再生，熟成吧！賦予生命的母親！

　　夏天！太陽能量展現的巔峰、一年之中白晝最長的日子，汗水從我們額頭滴落、我們的心滾燙跳動的時刻；在富足的花園裡，我們採下補充水分的贈禮清涼，包括生菜沙拉、黃瓜和水果。在這些漫長的白晝，很容易忘記太陽在冬至、在流年之輪的另一端剛剛出生的時候。當時他只是個嬰兒，如此溫煦，需要許多鼓舞。他在青春的春天成長茁壯，而當我們在強烈的陽光下融化，就連那些年輕的歲月都顯得遙遠。現在，我們尋找涼蔭、片刻休息，還有大杯的冷飲；不過，我們的熱忱已經完熟，花園裡有許多事要做，而我們的生命豐滿，各種計畫也乘上了它們自己持續前進的潮流。

　　現在是母親原型的時間：她餵養著所有孩子，同時多工運作，運行著無比龐大的能量。我們這些身為母親的人，知道當媽媽會讓我們超越自己，做到比自己曾經以為還要更多的事。一天之中沒有足夠的時間，但母親仍然照顧著她的孩子、創造生命、鼓勵、哺育、支持著一切——當一名母親。即使我們不一定有人類小孩，如果有過生出一項事業或企劃的經驗，對這個原型同樣也能很有體會。在為一個新的創造催生的春天，我們絕不會料到未來必須投注的大量勞動和努力，也就是能量在夏日之門達到巔峰之時。然而，透過我們培養不斷擴大的能量、透過南方之門帶來轉化的火元素，我們重新塑造了自己。當我們駕著達到巔峰的再生潮流，往往能超越自己原先的期待；有的時候，我們也會感覺只是在順從著這些潮水，努力跟上。駕馭這些高拔的浪潮時，我們時常會跌倒、墜落，需要再一次把自己拾起。而如果我們不斷站起來，就會變得越來越有韌性、有智慧——因此得到成長。在這個時刻，需要下功夫的是學習駕馭這些力量強大的浪潮，同時不讓自己燃燒殆盡；學習為自己的死亡、重生與蛻變接生，還有成為哺育母親（我們自身）的母親（mother the Mother）。

　　花園中的種子，經過在冬天子宮黑暗的孕育，然後在春天隨著禱告被我們溫柔種下，現在已經認不出原來的模樣了；他們此刻都結實纍纍、璀璨而豐饒無限。食物花園也爆滿了，充滿番茄、瓜類、香草和花朵。我還住在佛蒙特時，少少的種子居然能創造出大量到幾乎是荒謬的豐收，總令我們驚嘆又開懷大笑；我們也常常把永無止盡多出來的瓜果留在別人家門口或路邊，放上「免費」的牌子。在炎熱的夏季月分，蓋亞贈與我們豐盛的補水與涼性

食物和藥草，例如黃瓜、西瓜、薄荷、沙拉和其他蔬果，幫助我們用陰能量平衡夏天的陽性能量。

春季和夏季是大地在吐氣。這道門膨脹的能量讓植物往外生長，朝向太陽，把生命力移動到花朵、果實和種子的生產。在生態動力學園藝中，我們運用各種方法照料植物接觸空氣和陽光的地方，例如葉面肥、噴霧、植物茶。

我們的藥用花園也是，正處於生產、受粉和表現的巔峰。就像母親原型，花園的大地身體與深沉嗡嗡作響、時刻轉化的生態系統交織在一起、處於煉金術的高潮。蜜蜂、蝴蝶、昆蟲和鳥類全都乘著多年生植物膨脹的能量飛翔。夏天的長日創造了栽種花園的理想時機，自然鼓勵我們每天長時間待在戶外，採收花朵乾燥貯存，或製成藥草、修剪植物、堆肥，還有依需要除草。我們觸碰植物得越多、向他

們索取與給予得越多，花園中也會有越多的豐收。一如所有處於互利關係的存在，比起放任不管，受到培育的植物能生產更多食物、會更健康、更蓬勃生長。就是這樣，我們的藥草園教導我們透過身體和親愛的土地運行有著大量轉化能量的煉金術，並在同一片土地上收割互利與緊密關係的魔法與藥。

我們現在在自己身上、在我們的社群中，以及照料的土地上所移動的能量、所做的工作，都會通往豐饒的收成、充滿魔法的藥草櫃，還有許許多多會讓我們在秋天感激的事物。新鮮青草汁、潤膚茶、冷泡滋養藥草茶，還有富含維他命 C 的洛神五味子冰茶，都能讓我們保持充沛的能量、補充水分、帶來清涼與平衡；否則，如果極端借用高度的太陽能量可能導致消耗殆盡。

欣欣向榮的南方之門會在自然中所有能量循環的高潮時刻開啟。在每天中午、每個滿月、每個夏季，還有你職涯與生命中的巔峰時期，都有助於運行最大的能量。過去的季節，你已經把根深深扎在大地土壤再生的黑暗中了，現在可以從那裡，從所有生命力的根源汲取能量，充滿自己──從大地的深處、從你的根，把大地的能量吸入你飽滿的腎上腺、完善滋養的神經系統，還有煥然一新的免疫系統

吧！跟著大地的吐息一起脹大，像植物一樣往外延伸，朝向豔光四射的太陽生長。鼓起勇氣發光吧！遊戲、工作、在你真實坦然的自我完熟之中生產。就是現在！不要猶豫了──發光吧！

　　　　為了再生，熟成吧！
　　　　賦予生命的母親啊！

進入南方之門

南方之門是能量潮汐的高潮，我們在一天的中段、滿月、夏季，還有人生的全盛期乘上這道能量潮。

夜空中，滿月是月亮週期循環的頂點，完滿的展現。我們在月光下慶祝，感謝在新月說出的禱告；帶著感激的心，我們向收穫和開花結果的事物致謝。滿月這個時刻，進行聚會、禱告圈、儀式、月光浴、冥想、顯化，以及在驚奇與感動中放鬆都非常理想。有時候，滿月會有著狂喜的能量——非常適合在戶外月光下赤身裸體、進行儀式、做愛，還有騎上狂野的浪潮；又有些時候，滿月會讓我們感覺像瘋子一樣（"lunatics"）——這時候運用屬於黑月之門的陰性儀式來平衡，就能幫助我們保持能量和諧並回到自己的中心。在這樣的情況下，獨處、反思、書寫、儀式藥浴、冥想、聲頻浴（見 208 頁）、休息、直覺式藝術創作，還有在戶外做比較靜態的活動等，都會非常治癒。

月經週期裡，排卵日對應到了滿月。各種促進子宮氣血循環的藥草、食物和方法，都能幫助我們有個健康的月經週期；而排卵期間非常適合進行陰道蒸薰，因為這樣可以促進子宮中血液和氣的循環——除非正在嘗試受孕，或已經懷孕，在這兩種情況不建議陰道蒸薰。

在流年之輪上，北半球夏季月分橫跨六月、七月和八月，並以夏至（六月十九到二十三日）作為夏天的正式開始，這是一年之中白晝最長的一天、太陽能量展現的巔峰。在這之後，一年的能量開始緩慢漸虧；天氣雖然持續炎熱，但夜晚的時間開始逐漸增長。夏至和秋分的中點，我們在八月一號慶祝十字聖日之一的秋收（Lughnasadh 或 Lammas）；這是第一次收成的節慶，向太陽神成熟的面向致敬，穀物也是在這個時候採收的。透過慶祝三個收成節日，人類編織著感激，也強化了持續餵養並帶來豐盛的生命能量。

在生命之輪上，夏天對應到了母親原型，以及我們的「成年時期」，大約落在二十一至四十二歲。這個蛻變的時期正是我們真正長大的時刻——經過人生的種種試煉變得更加有智慧、有韌性。我們往外發展、能力變得越來越強，超越自己，熱情投入各種計劃、創造、社群或家庭裡。我們會燃燒殆盡好幾次，於是學習如何當自己的母親、照顧好自己，維繫自己的能量。我們常常精煉自己的目標、深化我們跟群體的關係、創造事業，或許還會組成家庭。開闊、好奇心、探索和嘗試，這些青春（少女原型的時刻）的元素，現在被運用在生產之中；而操作這樣強大的火能量的過程中，有一部分是在學習被灼傷、

治療、回復、蛻變，然後重新開始。我們經常會被推向自己以為能力所及之外的地方。在這道門裡，我們常常會學習治療心碎、與痛苦共處、不害怕受苦、帶著勇氣面對挑戰，知道這些都會讓我們蛻變與成長。這是我們大膽的時刻，承擔風險，讓

力量成長。這道門在四十二歲結束，「中年危機」容易隨著這個歲數降臨，讓人懷著悔恨與疑惑，不知道自己有沒有充實地活過人生，或在某些方面有沒有成功。或許勇敢地把自己投入南方轉化的火焰之中，能幫助我們圓滿，準備好抵達西方的退潮。

在一天中乘上南方的潮流

在一天二十四小時的循環中，南方對應到了一天中間的時段，大約落在上午十點到下午四點。這是一天中陽氣最盛的時候，最溫暖、最明亮，有著最強大的能量。我們跟整個自然緊密交織的身體，也反映了這點。因此，很多文化傳統上都在中午吃最豐盛的一餐——這個時候我們的消化之火也是最強大的。

因為在我們內在與周圍的太陽能量處於巔峰，這是一天裡最適合生產的時候，適合運行最強大的轉化能量，同時保持平衡。我們可以在上午十點逐漸提升能量，進入高產能心流，午餐時休息一下，好好消化，然後回到下午的工作流動狀態，到下午四點自然開始消退。然而，如果需要配合比較傳統的工作時間規劃，在十點之前開始、四點之後結束，在工作期間多休息幾次會帶來很多好處。在許多拉丁文化中，工作日最熱的部分，也就是午餐之後的時段，被留給午睡（siesta）。就這樣，在一天太陽力量最強盛的時刻，透過帶入北方的工具與休息，能量再次找回平衡。而在北方的氣候帶，一整年白天都沒有那麼長、那麼熱，就沒有同樣的習俗。

在夏天之門，我們學習如何調整神經系統，讓自己不會燃燒殆盡。在一天的進程裡，這表示一次只專注在一件事上、休息、動一動身體、伸展、補充水分、呼吸新鮮空氣。如果我們嘗試把心靈、身體和創造力塞進線性的運行機制，或用咖啡、糖分或其他興奮劑逼出生產力，我們就會脫離再生的軌道、竭盡身心的能量，最後消耗殆盡。順著較小的能量螺旋流動，在更大的創造力輸出弧線中多次換新自身，來駕馭這道門的能量；在任務和任務間花兩分鐘閉上眼睛、深呼吸，或到戶外坐在大地上十分鐘，來提升生產力、為心靈和能量帶來再生。

南方之門把我們跟肚子裡的火連結在一起，也就是消化系統和太陽神經叢。生

理上，這給你機會檢視自己的內在火焰是否低落；如果內在火焰低落，你可能會感到無精打采、抑鬱、昏沉、沒動力或悲傷。你可能會消化得很慢，吃東西後容易脹氣或感到疲累。如果火元素過剩，則可能有過於快速的新陳代謝，和從食物中吸收養分有困難。你的血糖可能會不時驟降，感受到一肚子「餓氣」（"hanger"，飢餓導致的憤怒或壞情緒）、焦慮、思緒無法集中和心神不寧。如果火元素平衡，你會有平穩、溫暖、充滿喜悅的心態和正面的表現；你會感到充滿動力、積極參與、充滿熱血激情、陽光樂觀；你可以不帶焦慮享用食物、不匆忙混亂地享受休息時間。這樣和諧的狀態讓我們能夠成長茁壯，也是自然告訴我們的獲得長壽的方法。每天留意如何照料你的火使之達到平衡。

平衡火元素的每日儀式

如果火元素低落，可使用以下任何儀式活化它：

- 動態活動，包括瑜伽、有氧或拳擊。
- 五到十分鐘的拜日式，讓能量流動。
- 頭下腳上——倒立，或倒掛，讓血液進入頭腦、淋巴液流動。
- 能促進氣血循環的溫熱能量飲或藥草，例如生薑、迷迭香、可可、薑黃、百里香、五味子或山楂。
- 溫暖的食物，像是濃湯和大骨湯，這些都很好消化——避免濕冷的陰性食物和飲品，如生冷食物、生菜或冰水。
- 飯前二十分種飲用苦味藥草，可以幫助消化。
- 飯後飲用生薑、胡椒薄荷或其他幫助消化的藥草茶。
- 喝義式濃縮咖啡或綠茶，或者食用可可，尤其適合血壓偏低者。酌量使用。
- 到戶外散步。
- 餐與餐間避免吃太多零食——讓每餐都能完整消化，也避免為消化火焰帶來太多濕氣。
- 練習瑜伽火呼吸法。

如果火元素過於旺盛，可以用陰性儀式平衡，如：

- 補充水分。
- 飲用清涼、滋潤的藥草，例如蜀葵、茉莉、白芍藥根、椴樹、繁縷、益母草或蒲公英。
- 食用生菜水果。
- 食用有健康脂肪、穩定身心的點心。
- 使用玫瑰花水噴霧，或其他用水與清涼精油製成的噴霧，例如胡椒薄荷精油。
- 呼吸、冥想，平靜神經系統。
- 創造放鬆的環境。
- 聆聽放鬆的冥想音樂。
- 泡澡、幫自己按摩，或用油保養肌膚。
- 做瑜伽、游泳或打太極，選擇能夠定心、穩定精神的運動。

什麼是真正的力量？

「力量」對現代的共情者來說，可能是個會觸發傷痛的字眼，因為對我們當前的文化而言，這個詞彙表示用力量「宰制」某人、某事或某地。這不是真正的力量，而是征服、控制、壓迫、束縛與病態。

真正的力量是轉化任何事物的能力。

那是我們在靈魂中、在太陽神經叢中培養的事物，透過正確的行為、勇氣、對自己沒有任何妥協的愛、心與靈魂中的感動，並在奉獻與正確的關係之中行走，由偉大神祕的耳語所引導。

轉化的能力來自超越自己、冒險、勇敢、面對不公義與真實，還有跳進轉化的火焰之中。有著真正的力量，我們人生無懼。我們不會從人生任何的酸甜苦辣逃開，因為所有滋味都是身而為人不可避免的部分。我們在甜蜜之中歡慶，同時也接受、領受、學習消化痛苦，那些苦澀的味道、挑戰和創傷。

消化系統是火元素的完美隱喻，刻劃了它在對應的太陽神經叢脈輪所扮演的角色。健康的消化系統讓我們能吃下各式各樣的食物，並把物質轉換成能量，帶來成長與再生。一拿到食物中可用的能量，剩下的就必須透過腸道釋放——永遠排出我們的身體！如果我們不釋放，它們會再次被直腸黏膜吸收，回到體內，造成毒素累積和疾病。

這同樣也是沒有好好消化人生試煉和創傷的結果！我們必須徹底、根本面對生命帶給我們的體驗當中的真實，也必須大膽、勇敢，相信自己的火焰——相信自己轉化的能力，能將人生經驗轉化成燃料養分，或需要釋放的廢物。我們消化這些經驗，把它們轉化成良藥吸收，幫助成長與進化。我們會這樣問自己：「這件事、這場病、這段關係中的藥是什麼？」面對所有來到生命中的事物，我們都能找到禮物和養分。接受它，允許它改變自己、幫助我們成長。那剩下的呢？我們把剩下的從能量身體和物質身體釋放，洗滌我們的心，把它還給大地母親，轉化成肥料。

一切都含有供成長與進化的食糧。生命的目的是改變我們。不要躲避轉化；轉化不可避免，而你的勇氣會幫助你的力量成長。隨著力量的成長，自信也會增加，你也會發現你真的可以轉化任何事物、一切事物。那也包括你自己，一次又一次、一次又一次。

跟滿月一起慶祝

每個月一次，黑暗的夜空中，月亮在她光亮的豐滿中腫脹。把這一天視為神聖的，然後慶祝吧！騰出時間跟她相處，飲下月光。月光浴這個儀式，就是把她的光芒吸收到身體裡——跟日光浴很像。你可以把生殖器曝露在月光中，感受月光進入你神聖的子宮或生殖輪、你肥沃的空無、你的陰性空間。淨化你的水晶，把他們放在月光下補充能量吧！（見66頁）

滿月，是女巫聚在一起、執行儀式、施法或慶祝的時候。有些滿月有著社交的能量，很適合和你神聖的朋友聯繫，一起用餐，並到月光下漫步；你們可以在月光下劃出魔法圈，然後祈禱。和好朋友在每個滿月和新月相聚，這樣的儀式非常簡單，卻有很強大的效果，能讓你的身體跟自然的節奏同步。這也是建立某種女巫團的自然方式——這樣的圈子作為一個神聖的容器，乘載禱告、儀式，還有心與心的分享交流。

而有些滿月有著「瘋狂」或混亂的能量。如果是這樣的情況，你感到能量太過膨脹或不安時，可以運用黑月的儀式——獨處、冥想、儀式藥浴，以及一個人待在自然中——來找到平衡。

母親原型

健康的母親是自己也受到母親般照料的母親。枝繁葉茂的母親，與相互支持的村落或群體緊密交織在一起。在生命中的這個時刻，我們運行著無比巨大的能量，創造事物、給出自己，如果獨自承受，處在孤立的狀態，很容易消耗殆盡。沒有支持網絡與群體其他成員彼此相連，我們就不能使用生命巨網裡的龐大能量。難怪那麼多母親都有產後憂鬱，被許多考驗、改變、責任和要求壓垮，還有成為新手媽媽經驗的缺乏。難怪那麼多新公司的業主容易燃燒殆盡，感到孤單、孤立，或認為自己屬於競爭文化，而不是合作文化的一份子。

在豐盛的夏日花園，蜜蜂、花朵、蟲、鳥、雷雲、雨水、太陽花、園丁、遊戲的孩子，還有午睡的貓，全都是同一個有機體，生機蓬勃，在付出與接收之中活著。願我們從欣欣向榮的花園學習，創造同樣欣欣向榮、互相支持與合作的社群，其中每個個體的成功都被視為整體的福祉。

在美國的夏天，我們慶祝獨立紀念日。然而，讓我們來慶祝相互依存吧！讓我們承認，並向所有參與到我們成長與發展的存在致敬吧！並理解到我們只靠自己不可能完成任何事情；理解到魔法與煉金術的法律——整體大於部分的總和——然後讓我們在這份能量的富庶中分享吧！讓我們把競爭、個體化、巨星崇拜、宰制、階級這些舊文化，都丟進煉化的大鍋裡吧！讓我們在滿月的月光下聚在一起、圍成圓圈，彼此平等存在，也合而為一；讓我們蓬勃蔓生吧！

南方的大地之藥：活化與補水

火元素轉變的速度最快，瞬息萬變。女巫會請這個元素幫忙，在最短的時間內創造最大的改變。所有元素都有著轉變的力量，但火能最迅速地把最巨大的物質瞬間化為烏有。

正是因為這樣，在南方之門請火元素幫忙時，我們也運用植物和儀式來幫助自己保持平衡。平衡是個運動的狀態；就像療癒是一生不斷成長與蛻變的旅程，平衡不是最終目標，也不是能抵達的目的地。當我們看著一個人在走鋼索，會發現平衡需要持續的覺察、投入與專注。一陣微風把我們吹向一邊，我們也會馬上做出反應，保持平衡。

在南方之門幫助我們的藥用植物，體現了火元素的眾多面向。有些植物，例如生薑或卡宴辣椒，能喚醒我們的火，讓我們燒得又熱又快；其他，例如檸檬香蜂草或金盞花，能舒緩火元素，同時維持我們內在火焰的光芒。潤性藥草，例如蜀葵、滑榆木和甘草根，都能冷卻、治療、修護被灼傷的組織；他們都是消炎藥草，能讓體內過多的燥熱冷靜下來。

在南方之門，我們的工作是以心血管系統補藥，如山楂、生薑、薑黃、迷迭香、薄荷、可可和料理香草，來照顧能量和血液的循環；運用適應元和抗憂鬱藥草，例如紅景天、五味子、聖約翰草和檸檬香蜂草，來強化喜悅和充滿力量的感受；我們也用滋養藥草製成的消化系統補藥（見58到59頁）和苦味藥草（見84到85頁），支援自己轉化食物的能力。我們也用適應元和振奮精神的藥草，如可可、瑪黛、茶、五味子和紅景天，來提升能量；並以降低體溫、清除熱氣的藥草冷卻身體，包括蒲公英葉、薄荷家族的藥草，還有椴樹花葉。我們用滋養藥草來持續補充所需的營養，保持身心安定；滋養藥草會修復我們的腎上腺、灌溉我們所有辛勞的系統。我們也用安神藥草，例如聖羅勒、靈芝和益母草，為精神帶來平靜，這些藥草帶給我們連結到北方之門黑月的智慧與寂靜；當南方之門的火開始變得難以招架或陷入混亂，這些藥草能帶來平衡。

當然，我們也可以用食療來幫助活化、平衡，以及補充水分。

夏季配方
與
藥草調配

春天之門篇章寫到的隔夜滋養藥草茶（見 59 頁），是我們藥草療癒傳統一整年都使用的起手式。在夏天忙碌的月分，繼續每天請你的野草朋友幫忙，能讓身心保持平靜穩定、受到滋養，腎上腺也充滿能量。而雖然智慧女人傳統偏好以隔夜藥草茶作為首要服用藥草的方式，但夏天這個時候非常適合擴增藥草櫃的存貨，還有增加調製藥草的方式。以下是藥草師用來萃取植物藥性的其他方式。

酊劑

茶、浸泡液 [8] 和酊劑之間有什麼不同？把任何植物浸泡在熱水中大約二十分鐘稱為「茶」；「浸泡液」需要浸泡至少四個小時，泡得越久，能夠萃取越多的礦物質、維生素和其他生物鹼。飲用浸泡液能幫助我們發展出對所用植物更好的敏感度；也因為一口一口喝，能發覺自己當天需要多少藥草，所以要調整劑量也很容易。浸泡液也很滋潤、很好吸收。反過來說，服用藥草膠囊表示遵循固定的劑量，即便植物在每個人身上的效果都不一樣。「酊劑」是藥草的酒精萃取液，藥效強烈、非常集中，服用時需要用水稀釋。

有幾點理由會讓酊劑成為比較好的選擇。首先，浸泡液需要使用很多植物素材，而一樣多的植物泡在酒精裡，能做出的酊劑量足以供更多人使用好幾個月。需要使用的藥草材料跟野草相比沒那麼充足時，資源可持續性就是個非常充分的理由了。再來，酒精萃取液藥效更強，有時候更適合急症。又，在幾盎司的水中加入幾滴酊劑很簡單，要記得也很容易，適合時常移動或旅行的人。我旅行時總是會帶一瓶 1 盎司（30ml）的抗菌酊劑，例如白鼠尾草、松蘿或北美聖草——它可以輕鬆擊退我在旅途中接觸到的細菌，在它們留在體內之前就解決問題。最後，酊劑可以捕捉時間中的片刻，保留植物自我的展現和你們的連結。如果你和一株特定的植物或一個特別的地方建立了關係，可以在採收時舉行儀式，也許能在大地聖日進行。這全部都會編入你製作的藥裡。當你服下藥的時候，就能再次經歷時間中再也不會重複的那一瞬間的魔法。舉個例子，我有一罐聖約翰草的酊劑，在波蘭一片原野上的狂喜典禮儀式中製成，時值夏至，月亮在獅子座。這個魔藥的每一滴都能讓整個身體歡呼，有滿滿的太陽魔法！

---

8. Infusion：一般譯為「浸泡液」，為了幫助理解與文句通順自然，本書在其他地方譯為「藥草茶」。

新鮮葉片酊劑
Fresh Leaf Tincture

夏天，很多使用地上部分（通常是葉與花）的藥用植物達到了生命力的巔峰，準備好被採收了。藥草酊劑的民俗炮製法非常簡單，零失敗率。

成品：不一定

要採收的藥草 *

80 到 100 proof 的有機伏特加、白蘭地、梅斯卡爾或其他自選酒（為了成品穩定，溶劑需要至少含有 25% 的酒精，或 50 proof）

1. 創造神聖空間。
2. 帶著意念採收植物，使用神聖植物採收法（見36到37頁）。
3. 稍微切碎植物，裝進任何大小的罐子裡直到九分滿，不要塞得太滿或太密。
4. 倒入溶劑，蓋過植物。
5. 確定酒精完全蓋過植物；如果沒有，用餐具把植物壓到酒精之下。蓋上蓋子。
6. 貼上標籤。避免陽光直射，每隔一陣子就搖一搖罐子。
7. 兩個月或更久之後過濾、裝瓶。

藥草蜜
Herb-Infused Honey

藥草蜜是純粹的喜悅——是歡愉之藥！蜂蜜能溫和萃取出植物的藥性，尤其適合芳香藥草，例如鼠尾草、聖羅勒、檸檬香蜂草或花朵。在你的藥草櫃裡加入一罐鼠尾草蜜會非常棒，寒冷的冬季月分可以使用：在熱水中加入一匙就能瞬間泡出清香的抗菌茶，把你帶往夏天的喜悅的同時，也幫助你消滅感冒症狀。也可以用藥草蜜做菜、烘焙、抹在吐司上、直接用湯匙享用、加入能量飲⋯⋯希望能給你一些想法。

成品：不一定

要採收的藥草 *
生蜂蜜

1. 創造神聖空間。
2. 帶著意念採收植物，使用神聖植物採收法（見36到37頁）。
3. 稍微切碎植物，裝進任何大小的罐子裡直到九分滿，不要塞得太滿或太密。
4. 倒入蜂蜜，蓋過植物。用一根筷子或一支湯匙清除氣泡。
5. 貼上標籤。避免陽光直射，每隔一陣子就搖一搖罐子。
6. 兩個月或更久之後過濾、裝瓶。

---

* 如果使用乾燥藥草，只需使用新鮮藥草用量的三分之一——所以加入蜂蜜之前，罐子大約會是三分之一滿，而不是九分滿。

平靜至福酊劑
Peace and Bliss Tincture

這是我一道很美好的配方，能夠紓解壓力和焦慮，為心靈、神經系統和風元素找回平衡。燕麥、聖羅勒和美黃芩都能修復神經系統和腎上腺；這個配方同時也很芬芳，能打開呼吸與心、讓腸胃平靜、讓心靈找到重心。

成品：不一定

1份聖羅勒

1份燕麥桿或燕麥穗

1份美黃芩

有機伏特加

1. 如果使用乾燥藥草，在任何大小的罐子中加入等量的三種藥草，到三分之一滿。如果使用新鮮藥草，確定藥草能填滿罐子之後再加入伏特加。
2. 蓋上蓋子，放置至少兩個月，定期搖一搖罐子。過濾。
3. 在 1/4 杯水（60ml）中加入 1 茶匙（5ml），一天飲用二到三次，或感到壓力大的時候喝。

愛情魔藥
Love Potion

這道愛情魔藥從熱烈的激情、熱帶的植物，還有你心中的禱告汲取力量！拿起每一樣材料，對他們祈禱，呼喚植物之靈，以及你想加入魔藥中的所有性質。

成品：不一定

1/2 罐左右的新鮮西番蓮莖葉，或許也加入一朵西番蓮花，象徵性感、流動、創造力與自我之愛

1 朵新鮮玫瑰，象徵最高頻無條件的愛與恩典

1 根肉桂，象徵熱情與辛辣的甜蜜——火花紛飛那樣！

1 塊大拇指大的生薑，象徵火熱，並移動生殖輪中的水

1/4 罐的乾燥達米阿那，帶來放鬆、溫暖與流動

1 把乾燥山楂果實，象徵強壯、充滿勇氣與愛的心

大量生蜂蜜，獻給蜜蜂、煉金術士、授粉者與戀人

一點神聖玫瑰花水——神聖的保加利亞玫瑰，象徵古老而永垂不朽的愛情

1 根香草莢，象徵甜蜜、安全的愉悦

萊姆酒，或其他自選酒精，例如龍舌蘭酒或白蘭地

1. 把所有植物素材放入玻璃罐中混合，罐子大小不拘，但要有蓋子。倒滿酒精。
2. 搖一搖，注入禱告和咒語。蓋上蓋子，貼上標籤，放置至少兩個月，定期搖一搖罐子。
3. 過濾。可以加入熱可可、能量飲、茶、生巧克力，或「情人舔拭」巧克力（見130頁）。

新鮮青草汁
Fresh Herbal Juices

我們已經學習了新鮮青草汁背後「她的歷史」（見鮮榨藥草汁，85 頁），還有幾道很棒的春季藥草汁配方。以下是我最愛的夏季月分青草汁，能幫助我們保持在充滿水分、清涼的狀態。

修復神經的薄荷、
康復力與聖約翰草汁
Nerve-Repair Mint, Comfrey,
and Saint John's Juice

這是我有史以來最愛的新鮮青草汁！清爽、補水又美味，所有人都喜歡！其中突出的薄荷主調，讓它成為炎熱夏日補充養分、沁涼身心、人見人愛的飲品。其他的藥用植物康復力和聖約翰草，都是幫助身體細胞、組織與神經再生的超級好夥伴。

請注意，並非所有藥草師都同意內用康復力 —— 有些人堅持康復力不安全，而很多藥草師也在這個議題上陷入激烈的辯論。另外一些藥草師經常規律地飲用康復力，質疑對植物中生物鹼毒性的研究方法。我很愛康復力，他是我最親愛的朋友和治療師之一，雖然我不建議長時間每天服用，例如連續數月；但就我多年來的經驗，我見過康復力帶來無比深層的療癒。（更多關於康復力的資訊，包括注意事項，請見214至215頁。）

我跟好友琳達分享了這道配方。琳達六年前膝蓋因為意外受傷，她一週五天、連續好幾個星期做了這個青草汁，然後體驗到膝蓋周圍神經組織的治癒。這是一道深度療癒、帶來再生的青草汁。

成品：不一定

2把新鮮薄荷葉

1小把新鮮康復力葉

1小把新鮮聖約翰草葉

1. 把所有材料放進裝滿泉水的攪拌機裡。
2. 攪拌、過濾，加冰塊享用。
3. 或裝瓶，冷藏保存。

薄荷西瓜汁
Watermelon-Mint Juice

　　夏天，花園贈予我們許多能補充水份的蔬菜水果，他們都充滿了礦物質、維生素和抗氧化素，能補充營養、帶來清涼和能量。西瓜大約含有百分之九十的水分，同時也是許多維生素，還有鉀、銅和抗氧化素的良好來源。和薄荷還有冰塊一起打，這道果汁又甜又清涼、美味可口、活化提神，補充能量。

成品：1人份

　　4杯（600g）新鮮西瓜

　　1杯（96g）新鮮薄荷

　　1杯（140g）冰塊

1. 把西瓜切成小塊，移除外皮與種子。
2. 把所有材料打成汁，好好享用！

沁涼冰茶
Cooling Iced Teas

五味子茶

　　這道簡單的五味子茶，是夏季之門熱情、拓展、全盛繁茂生長能量的化身。五味子是種帶來能量、振奮精神的適應元藥草，能排除體內毒素、集中思緒、提振精神、賦予力量。140到141頁可以讀到更多關於五味子的資訊；享用她，然後連結到夏季之門充滿動力和創造力的能量吧！

成品：1夸脫（946ml）

　　1大匙（25g）乾燥五味子完整果實（請不要使用粉末）

1. 把五味子泡在1夸脫（946ml）的熱水中至少一小時，能浸泡隔夜更好。

　　飲用藥草茶時，可以嚼一嚼、吃下泡開的果實，接收她所有的藥效。整天飲用，來保持充滿能量的狀態。五味子是很強大的盟友，適合連續一個月天天使用，來獲得她排毒與活化的最大效益。

洛神五味子氣泡飲
Schisandra-Hibiscus Spritzer

　　五味子跟洛神花兩種植物都含有高量的維生素 C，能調整生殖系統，讓它更有彈性，也藏有豐盛的性感與明媚能量的精華。這道藥草茶有著可口的檸檬風味和美麗的紫紅色。加入碳酸氣泡水，這道冒著粉紅泡泡的飲品非常提神、養顏美容，作為派對飲料也很好玩！也可以加入甜味劑。加入好伏特加可以讓它有點稜角，成為一道驚豔的雞尾酒。

成品：1 人份

　　1 大匙（25g）乾燥五味子完整果實

　　2 大匙（3.5g）乾燥洛神花

　　自選甜味劑（可省略）

　　伏特加（可省略）

1. 讓藥草在 1 夸脫（946ml）的熱水中浸泡一小時或更久。
2. 加入氣泡水稀釋一半，也可以加入甜味劑和伏特加。加冰塊享用。洛神花跟五味子都可以食用，所以不需要過濾。

女神之美藥草茶
Goddess Beauty Infusion

　　這道茶美得讓人難以置信──帶有澄澈的紫紅色；它也有極致的養顏美容效果，富含抗氧化素、礦物質、維生素和多種營養成分。由蝶豆花與五味子兩種最負盛名的女神植物製成，這道配方在冥想中誕生；冥想也揭示了兩種植物一起平衡體現了女性力量的陰陽兩個層面，是顯化、性感與充滿力量的創造力盟友。連續幾個星期天天飲用，能達到最好的效果。

成品：1 夸脫（946ml）

　　1 大匙（7g）乾燥蝶豆花

　　1 大匙（25g）五味子完整果實

1. 把兩種藥草一起浸泡在 1 夸脫（946ml）的熱水中一小時或更久，製作深具藥效、適應元和魔法的藥草茶。
2. 夏日期間可以加冰塊享用，或依口味稀釋。

創意咖啡與巧克力
Coffee and Chocolate Creations

動力滿分摩卡　Motivated Mocha

　　這道美味可口、濃郁、補充能量的無糖能量飲充滿蛋白質、適應元、腦部補品，還有促進心臟健康的藥用植物。它照顧我們循環系統的同時，也讓帶來好心情的荷爾蒙湧進體內，例如血清素和多巴胺，卻不會造成糖分導致的亢奮或之後的低潮。在南方之門，有時候我們會呼喚植物朋友，請他們幫助扭曲時間和空間的律法，而當我們需要額外的力量、需要被推一把時，這道能量飲就是完美的選擇。在我生命中的夏天面向，需要在眾多角色和責任中斡旋時，我用過它來為自己提供燃料，提供可持續的喜悅能量和有生產力和創造力的流動。

成品：1 人份

> $1/2$ 馬克杯（120ml）有機公平交易咖啡
>
> $1/2$ 馬克杯（120ml）大麻奶
>
> 2 大匙（10g）可可粉
>
> 1 大匙（7g）膠原蛋白粉（素食者或純素者可以用豆類蛋白粉）
>
> 1 大匙（14g）靈芝、雲芝、猴頭菇的藥用萃取物
>
> $1/4$ 茶匙（0.5g）肉桂粉
>
> $1/4$ 茶匙（0.5g）刺毛黧豆粉（多巴胺豆）
>
> 1 茶匙（1.5g）羅漢果（升糖指數為零的甜味劑）
>
> 3 滴香草精、甜菊萃取液

1. 把所有材料放進攪拌機中高速攪拌至起泡。盛杯享用。

「情人舔拭」巧克力
Lover's Licking Chocolate

　　夏日夜晚的高潮能量、月亮光耀的圓滿，還有萬物完全成長的能量：這些都能透過植物或與戀人一起，以美妙的方式提升與享受。這道配方美味、簡單，準備起來也很迅速，成品是可口濃郁的巧克力甘納許（ganache），可以抹在蛋糕頂層、淋在新鮮草莓上，放進冰箱凝固，或在滿月抹在情人的身體上舔拭。它滿是健康脂肪，還有富含礦物質、有益心臟健康的神聖可可。

成品：大約 $1\frac{1}{4}$ 杯（300ml）

> $1/2$ 杯（109g）特級初榨椰子油
>
> $1/2$ 杯（162g）楓糖（可能的話，選用 B 級）
>
> $1/2$ 杯（43g）可可粉
>
> $1/2$ 茶匙（2.5ml）香草萃取液
>
> 1 撮喜馬拉雅玫瑰鹽
>
> 適量（約 $1/8$ 茶匙或 0.25g）錫蘭肉桂粉

1. 低溫融化椰子油，同時攪拌，液化後馬上關火（在炎熱的夏日，你的椰子油很可能已經是液態了）。
2. 加入楓糖、可可粉和香草混合。
3. 用鹽和肉桂點綴完成。
4. 用手沾一點，嚐試一下成品。

香草蝶豆花奇亞籽布丁
Butterfly Blue Pea and Vanilla Chia-Seed Pudding

奇亞籽是種超級食物，滿載營養素、健康脂肪、omega-3 脂肪酸、纖維、抗氧化素和蛋白質。他能持續提供能量、穩定血糖、促進消化，給予我們的身體所需養分，度過夏季之門高能量需求的時刻。泡在水中、果汁或堅果奶裡，奇亞籽會膨脹，呈現出珍珠粉圓一般的質地，這時候可以把他打碎，製成慕斯、加入水果享用，或加入甜味製成甜點。我喜歡發揮創意，創造無限多種奇亞籽布丁！這邊是一個美妙香濃的版本，能夠滿足你對甜食的渴望，又充滿抗氧化素和養分。

成品：1 人份

1 杯（240ml）蝶豆花茶

2 大匙（38g）椰漿

1/2 茶匙（2.5ml）香草萃取液

1/8 杯（80g）楓糖或椰糖

1/4 杯（44g）奇亞籽

藍莓、草莓和覆盆子

1. 在攪拌機裡混和蝶豆花茶、椰漿、香草和你選擇的甜味劑。

2. 如果要做成慕斯狀的甜點，加入奇亞籽打勻。如果想要珍珠粉圓般的質地，把液體倒入一個罐子裡，再加入奇亞籽。

3. 放在冰箱中靜置幾個小時，理想情況是過夜。可能的話，期間攪拌一次，預防種子結塊。

4. 水果切塊，放進玻璃杯中，一層水果、一層布丁輪流鋪放。上桌時淋上一點楓糖（可省略）。

花園中，大地上

夏天是花園在一片興榮之中歌唱的時候。果實垂掛在樹上，花園裡每天都有新鮮蔬菜可以採收。有時候植物感覺起來就在我們看著的時候長大。許多藥用植物開出花朵，呼喚著授粉者和綠巫，因為他們已經準備好被收成、製成藥草了。

這是一年中白晝最長的時候，轉化的能量也達到了巔峰；這個時候要盡可能在戶外度過，跟我們愛著的花園與土地相處。想一想母親原型，她是如何跟孩子、群體，還有關係與支援網絡處在持續的互惠關係中的呢？這個時候，就是要練習當土地的母親、創造健康的社群、在戶外度過時光、社交、拓展人際網絡、編織聯繫，還有餵養互惠的相互關係。此刻，你生產著富足，向處在全盛時期的植物直接學習、發展你的能力和藥草櫃並蛻變吧！

夏天可以做的事

- 多花點時間跟你的花園相處，尤其是早晨和傍晚的時候。
- 觀察植物、跟他們說話、聆聽。他們正處於全盛期。
- 修剪植物、採收植物，製成藥草茶或新鮮藥草、酊劑、藥草醋、藥草蜜等等。
- 多做一點藥草。此時植物非常足夠，轉化的能量也很強大，白天也很長。
- 吃花園裡的食物！帶著感謝，從植物那裡接收的越多，他們會長出與生產的也越多。
- 分享你的富裕、組織百家樂、野餐、嘗試新食譜、吃當地新鮮的食物。
- 吃生冷食物，保持身體涼爽。
- 補充水分。
- 堆肥，需要的時候攪拌堆肥堆。
- 種植覆蓋植物，像蕎麥就是夏季覆土作物；或開始為秋天種植覆土作物。
- 用堆肥和／或堆肥茶餵養花園。
- 用覆蓋物或乾草蓋住土壤，避免土壤在陽光下過度曝曬。
- 寫花園日誌。這是學習的時刻，而我們常常忘記本來打算採取的新方式，或效果很好的做法。
- 分享你的豐盛。

製作禮物袋

　　力量藥袋（medicine pouch）是我的神聖工具之一，我在教學、執行儀式或需要額外的能量和幫助時（例如上法庭或有重要會議）會戴著它。我也在每個學徒旅程的起點給他們一個藥袋，鼓勵他們把幫助他們的植物放一點在袋子裡，靠近心臟戴著。人生和自然各式各樣的禮物最後都進入了我的力量藥袋中——咬了我的黑寡婦蜘蛛的身體、我發現的一塊蛇蛻，還有好多好多。留意出現在你身邊的事物，還有它們是否象徵著你正在操作的能量。

　　禮物袋就像力量藥袋，但裡面裝著的是你蒐集的供品，跟神靈對話合一的時候使用。其中可以含有有特別意義的寶石、植物和自然的禮物。這個袋子同樣也在力量和能量中成長，是非常值得擁有的工具——用來分享，秉持著互相的精神。

　　可以自己做一個禮物袋，或找一個手工師傅做的。你可以使用對你有特別意義，或有你自己能量的材料製作，例如一條舊洋裝或最喜歡的襯衫。剪下兩片 U 型的布料，尺寸大約是你的手掌大，然後縫在一起，頂端保持開放。把裡側往外翻，並用一條繩子把開口綁起來。可以用珠子裝飾，最後在誕生儀式中把它泡在你植物朋友的茶湯中，賦予它生命。這樣你就能開始蒐集、製作自然的禮物作為祭品，並把他們收在你的袋子裡了。

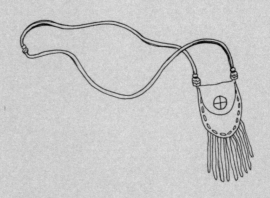

夏季儀式

在夏季還有滿月之門，女巫藉由慶祝的儀式把自己編織到能量潮流的全盛高潮之中，這股能量是我們在冬天的黑暗中就開始培育、經歷了春天的甦醒，然後來到了此刻。被種下的種子、發出的禱告、黑暗中的願景，現在都化為圓滿。雖然永遠也不會知道禱告會以什麼方式實現，但我們在夏天停下腳步，向生命的潮水與神秘致上感謝。我們以慷慨、獻禮、感激、皈依與承諾的儀式，餵養這道門。

夏至這個神聖的日子標記了太陽能量展現的至高點，一年中白晝最長的一天，陽能量中男性面向的巔峰。在歐洲，很多村落以篝火慶祝，飲酒、跳舞直到深夜；有些地方會製作男性形象的稻草人焚燒。雖然這些都是原始自然宗教儀式，但也跟六月二十四日（就在夏至之後）聖約翰受洗者的慶典聯繫在一起。有些人說基督教教會把原始宗教的慶祝風潮編入基督教世界觀裡，把日期稍微錯開，讓大眾無法汲取魔法之門巔峰時刻的能量。在波蘭，篝火在聖約翰節升起，而夏至時少女會編織花冠、用蠟燭裝飾，並獻給流動的河。

以下是幾個我最愛的夏季儀式，把我們織進慷慨與蛻變的魔法之門。所有慶祝、感謝、群體與滿月的儀式和慶典，都能把我們織進南方之門裡。

蛻變的儀式：火之儀典

南方之門讓我們能取用火元素的轉化力量。藉由火，我們可以瞬間釋放、喚起勇氣、為禱告注入能源，創造有意義的改變與奇蹟般的蛻變。

火儀式可以很簡單，也可以很繁複。如果想要比較繁複的版本，可以考慮跟你的巫團聚在一起執行，或聚集三個女巫一起，這樣可以為儀式和你們創造的神聖容器增加力量。勇氣也是必要的，因為勇氣餵養蛻變之門。集中意念，想著要釋放那些不再為你最好的發展服務的能量，並以成長的禱告取代。每個女巫都應該帶上她的神聖工具、水晶、花朵或藥草，那些對她而言有力量的事物。一起創造祭壇，在中心放上火的載體：大鍋、火堆或蠟燭。創造神聖空間，為你們的儀式立下守護魔法圈。用冥想、呼吸、茶、藥草、音樂改變意識狀態——任何幫助你進入禱告狀態的方式都可以。花點時間在一張紙上寫下所有你想釋放的事物。以正面肯定的方式書寫：「今日，我釋放……」或者，也可以預先寫下所有要在儀式中釋放的事物，再進入儀式空間。在另一張紙上，寫下你想在清出的空間喚來的事物。

在神聖空間裡，呼喚了神靈和嚮導之後，一個一個來到火焰前，用呼吸連結到太陽神經叢，大聲說出你要釋放的事物。這麼做很需要勇氣，因為你在移動身體中最根本的真實，透過第三眼的清晰，與沒有任何妥協的喉嚨發出聲音。沒輪到你的時候，見證一切的發生，以你的存在與禱告支撐神聖空間中的這個容器，協助你的女巫姊妹和弟兄放手。說完要釋放的事物之後，把紙投入火中燃燒，大聲宣告：「完成！」其他女巫重複，肯定附和咒語：「完成！」安靜片刻，深呼吸、回到身體，閉上眼睛，連結到你釋放之後清理出來的空間。接著把手放在心上，說出你邀請哪些能量進入這個新的空間。大概描述就好了，不過對於什麼可以進入你內在空間的界線可以保持清晰。例如，可以呼喚對自己的信心、平靜、信仰、自愛，或類似的特質。

簡單的版本，只需要點燃蠟燭、燃燒寫著你想釋放的事物的紙。劃魔法圈和呼喚元素的時候，總是向火的神靈致謝，還有感謝祂們創造轉化奇蹟般的能力。

立下過渡儀式（Rites of Passage）

南方之門對應到了母親原型，在生命中的這個時期，我們成為了自主的大人，煅造著自己的命運；在自愛、發現與表達自我的道路上，以熱情與意義創造著。進入這道門，時常是我們第一次有機會為自己創造過渡儀式；這是一個我們能跟孩子、朋友和家人分享的儀式，隨著年齡增長，也可以從中汲取力量。在這個轉化之門，我們學習完全消化人生經驗，吸收、領受其中的藥，同時釋放舊有的傾向與習性，否則這些會在演進、前往下一世時拖累我們。過渡儀式讓我們可以標記一個時代的結束，與另一個的新生。儀式取用的是象徵與它們在人類不同層級意識中的衍生意義；從外部看起來可能很戲劇化的儀式具體層面，允許我們存在的所有面向都參與其中，包括經驗和記憶貯存的場所：細胞組織、動作、話語、歌、情感、夢想。創造標記過渡的儀式時，可以帶入所有的感官。為了向新時代的禮物完全敞開，好好為上一個時代的結束哀悼吧！

以下這些例子發生的時候，立下過渡儀式會非常有幫助：

· 成為父母，標記少女面相向的死亡
· 搬離一個城市、社群或國家
· 換工作
· 結束一段關係
· 意外或人工流產
· 在社群中取得新的名銜或位置，例如成為老師或治療師

夏天之門的
藥草

植物檔案
可可 *Cacao*

拉丁學名：*Theobroma cacao*
植物科名：錦葵科

　　可可是種種子，來自橙紅色、像小木瓜的果實；可可果實直接從其熱帶常綠樹的樹幹或樹枝長出。儘管可可原生於中美洲，現今大多來自非洲與巴西。她有著作為神聖之藥與「眾神的食物」千年的歷史，並持續被全世界的人熱愛、大量食用。正因如此，為了以下解釋的道德、環保和人道因素，我們一定要購買公平交易的有機可可。

藥草特性

- 振奮神經系統：給予我們能量、增進血液循環。
- 助消化：她的苦味可以安撫腸胃。
- 照顧心臟：擴張血管、降低血壓
- 富含礦物質。
- 安定精神，釋出於喜悅和愉悅感。

植物靈療癒

　　我沒辦法想像生命中沒有可可。她能滋養海底輪，讓副交感神經系統放鬆，帶來輕鬆、平靜和舒服的感覺。可可讓身體和心在純粹喜樂的感覺中融化，程度能從放鬆到痴痴的快樂或欣快感。作為催情藥與心輪藥，可可能幫助我們更有愛地跟身邊的人連結。激發能量、動力、喜悅與清晰的思緒，可可能在快樂的創造和顯化過程中作提供我們燃料。可可之靈可以是情人、誘惑者或老祖母——她的愛多元又包容一切。我一個親愛的朋友是道德巧克力師，他曾經指出有些人吃巧克力感受到的罪惡感，可能來自跟不道德的可可來源的能量聯繫；確實有些常見的糖果品牌使用奴隸童工種植的巧克力。一份用來喚起愛的贈禮，事實上卻造成那麼多折磨和痛苦，這是多麼的悲傷啊！就因為這個理由，我們必須抵制大巧克力公司，只購買公平交易的有機可可。

最愛用途

- 食物，自己做巧克力。
- 飲品，加入能量飲。
- 儀式飲品、冥想。

五味子 *Schisandra*

拉丁學名：*Schisandra chinensis*
植物科名：五味子科

五味子是種多年生、落葉性的攀藤植物，生長於涼爽的溫帶氣候，原生於中國北部、俄羅斯和韓國。在秋天成串採收的紅色果實可入藥──種子呈腎臟狀。傳統中藥中，五味子說明了她是「有五種味道的果實」；她對所有經絡與器官都有療效，滋補人體三寶：精、氣、神。

體質本來就虛弱，或神經系統敏感的人（阿育吠陀傳統中歸類為風型〔vata〕的人）使用五味子時應該減少用量，因為她可能過度刺激神經系統，帶來類似焦慮的感受。對這樣的人，我建議在燕麥桿藥草茶中加入幾顆果實飲用。

藥草特性

- 適應元、延年益壽的藥草：自古就被用來增加活力、壽命、精力、體力的植物。
- 照顧身體所有系統跟器官：強化免疫系統、神經系統、內分泌系統、消化系統、心血管系統和呼吸系統（叫她奇蹟莓果！）。
- 神經與思維的滋補品：振奮精神、帶來能量、清晰的思緒、專注和動力，同時具有撥雲見日、抗憂鬱的效果；長期疲勞和壓力大的超級好夥伴；開啟第三眼與上層脈輪。

- 修復腎上腺與腎臟：把我們從黑暗和昏沉中拉起，賜予我們能量，同時替腎上腺灌注養分、清理、調養肝腎。
- 消炎、充滿抗氧化素的美顏藥草，具收斂性質，可以調養生殖系統，平衡體內水元素，讓我們更「多汁」。
- 激發創意。
- 催情：男性或女性都適用的性補品，提升性慾、精力還有對生命的熱情。
- 淨化身體：保護肝臟、刺激新陳代謝。
- 補心：照顧血液循環，還有血管的完好，平衡血糖與膽固醇。
- 調節免疫系統：很適合有過敏或免疫系統反應過度的人，也適合需要深層免疫系統滋補的人。抗癌的好盟友；或用來照顧慢性病毒感染，例如 HIV。

植物靈療癒

五味子是個超級英雄，光、明亮的喜悅、帶來熱情鼓舞的奇蹟莓果。她是我最親愛的植物朋友之一，在生命中挑戰最嚴苛、充滿黑暗與壓迫的時刻，她拯救過我無數次。第一次喝下她時，檸檬般的風味會讓你感覺充滿能量，酸澀的口感顯示她能緊緻黏膜組織，賦予彈性，幫助我們在完好的身軀中貯存和移動水元素、創意、能量和生命力。五味子可以平衡所有的脈輪、補氣、清除毒素、移動停滯的情感和物質能量，將能量體、思維、精神與心都

洗滌一清。我常常感覺她在清洗我第三眼的擋風板，為我的視野帶來專注和清晰，同時給我一種有點潑辣、閨蜜般「你可以的！」的支持。多虧了她的支持和提振的能量，我在生命中真的創造了一些奇蹟。在最大的困難中，她給了我動力、鼓舞了我、讓我不再卡住，繼續前進。

如果你持續一個月請她幫忙，會發現自己能量上顯著的改變，你也可能開始體現她潑辣的個性。她不害羞，知道自己愛什麼，並帶著充滿自信的喜悅和自愛勇往直前！

最愛用途

- 隔夜熱泡藥草茶，隔天冷飲（每天飲用，持續一個月）。
- 加入燕麥桿，製作比較溫和平靜的版本。
- 加入蝶豆花或洛神花，就像前面的配方。
- 作為夏日藥草雞尾酒的基底，加入伏特加和蘇打水。

薄荷 *Mint*

拉丁學名：*Mentha spp*

植物科名：脣形花科（薄荷家族）

薄荷是鋪地生長、大範圍蔓生、強健的多年生植物，原生於歐亞大陸、北美、南非與澳洲，薄荷散布於世界各地溫帶地區，也適應了許多地區的氣候。這些植物的莖呈矩形，有著明亮的葉，可在春夏採收；開花結子後可以完全剪除。

藥草特性

- 祛風與芳香植物：非常適合飯後飲用，幫助消化、安撫腸胃，尤其是脹氣、排氣、飯後昏沉、吃太多的情況。
- 抗痙攣：放鬆肌肉、對抽筋和通經很有幫助。
- 發汗：促進血液循環、降低體溫。
- 清除阻塞：打開呼吸、肺部和鼻道。
- 讓神經系統安靜下來。
- 幫助思緒清晰、集中與清楚地溝通。
- 抗微生物與消炎。

植物靈療癒

胡椒薄荷與綠薄荷把我們帶往陽光、喜悅的花園，那裡大地濕潤，我們的身體會感到非常安定而充滿活力。滋潤、帶來能量、安定身心，薄荷植物靈是移動停滯能量的好幫手，帶來生命力和光明，淨化我們的頻率。薄荷移動生殖輪和太陽神經叢中的能量，能夠活化身心、溫和提振精神，帶來鼓舞。大地的生命能量流繼續沿著脈輪往上攀升，抵達心；隨著開闊的呼吸和更廣闊而清晰的視野，心敞開了。薄荷裡有很強的風元素，能開啟溝通的中心和上層脈輪。這些植物有著自信、開心的性格，幫助我們連結到蓬勃生長的感覺，跟所有元素與滋潤的大地緊密編織在一起。

最愛用途

- 加入藥草配方中，改善口味、促進循環
- 加入新鮮青草汁。
- 豐盛晚餐後的消化藥草茶。
- 幫助排氣的最佳夥伴之一。
- 跟西瓜是絕配（見配方）。
- 食療：我喜歡做藜麥塔布勒沙拉（tabbouleh），並加入大量洋香菜跟薄荷。

植物檔案

金盞花 *Calendula*

拉丁學名： *Calendula officinalis*

植物科名： 菊科

這種一年生開花植物非常容易由母株自己播種，開有美麗、雛菊一般、天鵝絨般柔軟的花朵，由數排向心的舌狀花瓣組成；花色有黃到橘色等不同變化，能長到1英尺高。金盞花（盆栽萬壽菊）原生於南歐，但已經散布、生長於全球溫帶地區。繁殖無比容易，其種子宛如獅子下顎，花像太陽。

藥草特性

- 傷藥：傷口的治療師，藥膏、浸泡油、茶湯、洗劑外用；內用也有鎮靜、療癒和消炎的效果。
- 抗微生物、抗病毒、活化免疫力。
- 抗痙攣：放鬆體內的緊繃、幫助經血順暢排出的好朋友，也是用在子宮和生殖輪充滿魔法的藥草。
- 照顧淋巴系統：移動體內的水，清理淋巴系統。
- 金盞花跟很多文化中的女神有著古老連結，例如阿茲提克的愛神索奇克察爾（Xochiquetzal）；聖母瑪利亞（萬壽菊，marigold，花名的由來）；印度大女神摩訶提毗；希臘神話的黛安娜和阿波羅；以及許多其他女神。
- 金盞花還有許多跟防禦魔法、愛情魔法，以及生死奧祕有關的傳說。

植物靈療癒

儘管她簡單的美可能很容易被忽視，孩童般喜悅的背後是深沉的魔法，以及通往神祕的大門。我從金盞花那裡接收到了許多深刻的教導與療癒，其中包括藥草浴的瞬間療癒，那時候我正經歷一些子宮相關的問題。她在生人與死者的土地之間搭起了橋梁，還有男性與女性面向、光與暗之間。冥想中，她為精神帶來平靜，安撫、滋養水元素，也帶來溫煦的靈感、活動、和創造的流動。她能打開心輪，溫和地改變意識狀態。我覺得金盞花之靈作為治療師和嚮導非常親民，沒有距離。

最愛用途

- 花朵可以加入沙拉食用。
- 做成藥膏、浸泡油或用於其他美容用途，包括嬰兒尿布疹的藥膏。
- 花精。
- 種在花園裡吸引傳粉者，也是好照顧又美麗的覆地藥草。
- 泡茶、酊劑、蜂蜜以及藥草醋。
- 藥浴或薩滿式冥想──她是極好的植物導師。

洛神 *Hibiscus*

拉丁學名：*Hibiscus rosa, Hibiscus sabdariffa*
植物科名：錦葵科

　　洛神花是種常綠灌木，葉片橢圓深綠，光滑細緻，美麗的大花完全張開時有五片花瓣，花色有粉色到紅色的不同變化，繁殖器官突出，長在長條的莖枝上。原生於北非與南亞，生長於全球熱帶地區。

藥草特性

- 收斂、涼性藥草：在熱帶民俗藥草中常用於清涼身體、清潔尿道系統、舒緩發燒以及調養生殖器官。
- 抗發炎、降血壓：降低血壓，富含抗氧化素、維生素 C 與多種營養素。
- 抗寄生蟲、抗菌：對抗尿道與膀胱發炎的好戰友。
- 催情：能開啟心輪，並有著與大女神相關的古老魔法傳說。

植物靈療癒

　　美麗的洛神花是性感、創造力、女性、愛的能量的化身，能幫助我們化解性方面的創傷，洗滌淨化子宮，帶來她不斷重生的花朵精華。她教導我們愛自己，還有把自己會作神聖的存在對待。她也是健康界線的好夥伴，打開心扉的同時，也幫助了很多女性跟自己的性、性感與純真連結。洛神在夏季月分清涼降火，可補充水份，灌溉我們的身心，讓我們感覺像個女神。

最愛用途

- 洛神甘油酊劑。
- 冰茶（見食譜，128 至 129 頁）。
- 葉可加入沙拉食用。
- 花精。

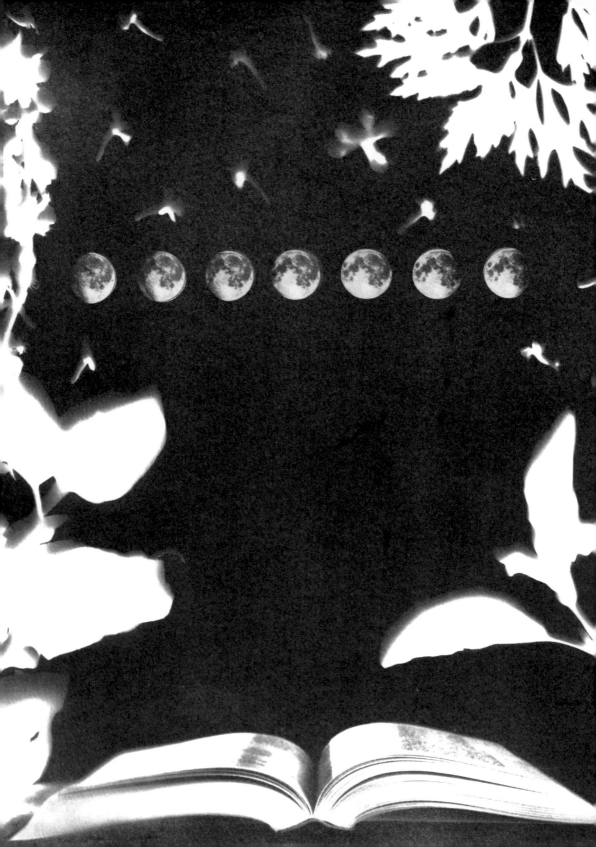

南方之門書寫提示

反思你內在的火元素。這邊有一些例子。

火元素平衡時：

- 健康的自我意識、發自自身的動力、以對生命的熱情為動力、有完成事情的能力與行動、以持續有效率的方式創造（與地元素平衡）。
- 熱情、有意義、遊戲的心情、喜悅、樂觀、溫暖的性格（與地、水以及風元素平衡）。
- 良好的界線，但不僵固（與地、水和風元素平衡）。
- 能夠承擔風險、跨出僵局、面對不公義。

火元素失衡時：

- 忌妒、容易生氣、脾氣不好、情緒變化莫測（需要更多地元素的穩定，與水元素的冷靜）。
- 身體發炎、紅疹、濕疹、皮膚乾燥（需要滋潤、補水、消炎的藥草）。
- 非常快速的新陳代謝、無法吸收養分（需要更多土和水，富含健康脂肪、安定身心的食物、健康的穀物和蔬菜，還有穩定、大地步調的飲食習慣）。
- 失去動力、憂鬱、昏沉（需要更多火來平衡地）。

反思如何在推崇有為與付出的時刻與文化中建立平衡：

- 哪些北方之門儀式能幫助你平衡南方的能量？
- 你可以怎麼當自己的母親？你此刻最深的情感需求是什麼？你如何幫助自己收下最滋養靈魂的事物？
- 列一張清單，寫下我們生命和計畫中所有讓你想大聲叫「好！」的事。
- 列一張清單，寫下生命中所有讓你「呃……」或說「不要」的人、事和計畫。
- 你現在最想要轉化的是什麼？在自己身上的、生命中、群體中，還有整個世界上。
- 在一位社運參與者或你的英雄身上找到靈感。他們是如何勇敢活著的？
- 你現在有哪些成功值得慶祝？列一張長長的清單！想起所有曾經是種子和希望的事。花時間，好好做個慶祝儀式，紀念所有你達成的目標、你所有的成長。滿月是執行儀式的完美時刻。
- 創造一道儀式，標記你生命中的轉變。或許你真的成為一名母親了。你可以怎麼把少女的死去，或等待你的新開始化為儀式呢？也許你今年要五十歲了。你可以怎麼向你生命中轉變的重量深深致敬呢？

第 **6** 章

大地魔法與秋天的藥
收成與堆肥：智慧與魔法｜西方·水·智慧女人

西方之門一瞥

元素：水

時辰：日落｜下午四點到晚上十點

月相：下弦月

陽曆季節：秋天｜九月、十月、十一月

大地聖日：瑪崩（Mabon，秋分）｜九月二十一到二十四日；薩溫（Samhain, Halloween，萬聖節）、諸聖節、亡靈節｜十月三十一至十一月二日

生命之輪原型：智慧女人｜四十二至六十三歲

能量：漸缺、智慧與明辨、收割、感謝、歸隱、休息、去往內在、釋放、哀悼、親密、慈悲、神祕、夢、淨化、占卜、直覺、療癒、魔法與薩滿技巧

療癒藥草：

適應元藥草＆深層免疫補品 黃耆、刺五加、印度人參、冬門天、紅景天

預防感冒的表層免疫活化劑 紫錐根、接骨木花與果、薑、蒜、橄欖葉、北美聖草

藥用蕈類 香菇、灰樹花、雲芝、靈芝（因為遭到過度採收，請不要使用白樺蓉）

滋養型藥草根 牛蒡、蒲公英、蜀葵、薑黃

安神藥草 美黃芩、西蕃蓮、椴樹、藍馬鞭、卡瓦卡瓦、桃樹葉、達米阿那

心輪之藥 玫瑰、卡瓦卡瓦、椴樹、桃樹葉、茉莉花、益母草、聖羅勒

夢之魔法與轉換意識狀態的藥草 藍睡蓮、卡瓦卡瓦、苦艾、西蕃蓮、達米阿那

花園照料：收成；修剪死去的灌木叢；堆肥；清理、讓花園準備休息；種覆土作物

藥草櫃：收割藥草，乾燥或製成酊劑；挖起藥草根；藥酒炮製；醃漬罐頭；火之藥草醋（Fire Cider）和免疫系統藥草醋；調製提升免疫力的藥；儀式藥浴；夢之藥

儀式：釋放儀式、哀悼、薩滿之旅、夢之魔法、藥草浴、花水、剪斷繩結、接生死亡

Gaia speaks

蓋亞說……

我親愛的，
你有野性，卻也睿智。
你能拓展，也能安居。
你既是神聖的療癒之水，亦是那容器。

過去了，那些揮灑你花蜜的日子。
在你胸脯喝奶的孩子長大了，飛走了，
你的巢現在屬於你自己，
你的血液回歸杯中，你拿著它，只有你。

反思你那些日子的旅程
然後知道自己想去哪裡都可以，在夢中，在靈魂裡。
沒有什麼是你的界線而
你的界線從未如此尊重
你，作為一個完整的自己。

拿起你的鼓和沙鈴。
把你的骨更深地踏進土地裡。
讓靈魂和翼族翱翔
和那下弦月，呼喚你走得更深。

你是一位藥女。
像曬乾的果實，你的甜深藏在皮革般的皮膚裡。
你曾經讓生命發芽，替死亡接生。
你學會和痛苦同席，學會陪伴破碎的心。
你不再恐懼所以
你得到自由。
你知道。
你看見。
你回到那裡。

為了重生，放下吧！睿智的巫……

秋分。完美平衡的時刻。白晝的光與夜晚等長，而我們懸掛在那之間。背後是夏季的漫漫長日——豐盛的花園，充滿勞動後完熟的果實，還有富饒的莊稼。當時的日子豐富而炎熱，大化萬物都敦促著我們擴大、工作、豐產，好讓我們在秋天、在生命的中葉，能夠從所有先前播下的種，美滿收穫。

這是智慧女人的時節——洞察明辨、有智慧地運用自身能量的她。蓋亞的能量在衰退，太陽王也在秋分走進地下世界（underworld），等待在冬至重生。這是釋放的時間。我們放下手裡的沉重提籃，其中滿載夏日的責任與義務，還有太多的「沒問題」。讓自己變得輕盈，這樣才能進入非線性的領域，進入夢的領地、進入我們體內神祕的深邃水澤，然後隨著那條河流流入冬季復甦的空無裡。

在花園裡，我們修剪死去的植栽。植物已經把他們的能量收回根部，準備在冬日大地的黑土裡作夢。朝向太陽生長的部分已經枯亡了，而我們剪去這枯黃的枝幹、草葉，也感受到自己生命中那些準備好被放下的。部分的枯枝，可以捆成冬季爐火的引信；所有死去的都會成為未來新生命的養分。於是我們思考可以讓哪些事物死去，為了時機成熟的時候，能創造更

多生命。秋天適合「剪斷繩結」、釋放的儀式、練習明辨覺察、寬恕與慈悲。

西方釋放的「門」會在每天黃昏為你敞開，也在所有月亮漸缺的時刻、每個秋天，以及你生命的中年。用你的智慧，善用這個時間來放下你提籃裡過多的努力和責任。修剪讓你被拉長、變得無力的、那些走得太遠的選擇，並把自己喚回自身的整全之中。帶著你的整個存在和神聖的自我，投身那偉大神祕的長河，讓祂帶領你，進入、融於北方肥沃而空無的海洋裡。從冬季的黑暗，如同一彎新月，你將會再次升起、重生，在無法想像的春日奇蹟中綻放，並再次進入自我花園的完熟夏季。

為了重生，放下吧！

睿智的巫……

進入西方之門

　　西方之門是在一切大化循環中能量衰退的時刻。在二十四小時的循環中，進入這扇「門」的方式是：引領自己離開白晝積極勞動的時間，浸入日落時分、充滿療癒能量的傍晚的水體裡，準備夜晚深層、修復身心的睡眠。西方之門也讓我們揭開下弦月的奧祕：當點綴著星光的衾被漸漸蓋上我們光耀的充盈，輕輕偎搖，讓我們進入黑暗，並能和新月一起重生。陽曆上，秋天帶領我們前往格列高里曆（Gregorian calendar）的終點，涵蓋北半球的九月、十月和十一月，並以秋分（九月二十一至二十四日）標記一年之中能量正式開始消退。在我們的生命中，西方對應到了中年，還有智慧女人原型。

　　是時候採收花園中藥草植物的根了。植物的地上部分死去之後，根部就有了更強的藥效、更多的氣。這時我們就能挖起紫錐根、牛蒡和羊蹄根。挖出藥草根的同時，我們指甲縫中的泥土、深深吐氣的大地的潮濕氣味，我們的根、我們的海底輪其實也從中受到滋養。我們的能量身體就這樣進入大地的步調，沉澱下來；而我們風一般的思緒也能靜下來、神經系統得到寧靜：這個時候適合使用釋放身體和心靈壓力的植物。我們許多人在夏天忙碌的時節都可能變得非常緊繃，有些人甚至會燃燒殆盡。現在就是時候慢下來、走進更深的地方、釋放，然後放手。

　　而我們的藥草櫃卻能在這個釋放的時刻有所成長。大地將她的富庶轉交給巫，後者煉化大自然的贈禮，創造藥石。藥草根可用酒精炮製，種子可以蒐集起來，等待春天再播下。這個時節也適合調配提升免疫力的糖漿和藥草，在病毒和流感肆虐的寒冷月分用來保護自己。接骨木果糖漿、紫錐根藥酒、牛蒡高湯和火之藥草醋：這些都是我最愛的秋季配方。夢之靈藥（Dream elixirs）、藥浴和藥草煙，都能改變我們的意識狀態，讓我們進入西方之門如水的領域，讓我們紛擾的心靈安靜下來，並喚醒直覺。

　　在所有或大或小的循環中，這都是一個讓能量流向內在的時機，適合帶著感謝收穫我們在陽光下勞動的果實，並為將至的黑暗做好準備。

在每個傍晚進入西方之門

在一天的循環中，西方對應到了傍晚和天黑，時間大約落在下午四點到晚上十點。乘著再生的能量潮流，在下午把你的工作、活動和能量狀態，從日間擴張與行動的太陽／陽性能量，轉換成更放鬆、滋潤也更加陰性、療癒的能量。

要把狀態從「做」轉換到「自在」有時會是個挑戰，而較小的一日週期讓我們可以在每個傍晚練習鬆開一切緊繃（unwinding）。由於學習遵循再生之道生活，常常牽涉到了想起古老、沒被現代文化所教導、宣揚的生活方式，幸好我們有藥用植物和儀式的力量，能幫助我們創造新的習慣、重新訓練神經系統。越常在每個傍晚透過植物和儀式的幫助，練習放下和放鬆，我們也會變得越來越擅長駕馭西方之門的潮流，無論在月亮週期或每個秋天，最終也在人生的中葉變得更有智慧與充滿力量。

西方之門也對應到了晚餐。在許多家庭中，晚餐是所有家庭成員在忙碌的一天工作之後團圓的時刻。他們圍著「壁爐」（hearth），一個家的心臟，聯繫在一起、表達感恩，並分享滋潤身心的餐食。身為巫，我們運用明確的意念引導自身與所愛之人，進入更深層的連結、療癒與愛。如此，一起吃晚餐這樣簡單的事就能為身心都帶來深深的療癒和滋養；但如果是很有壓力或急躁地吃晚餐，就會導致消化不良、能量流失和體重增加。讓晚餐時光變得神聖吧！身心都為彼此在場，就能哺育我們的心，還有滿足對親密關係的需求。如果一個人晚餐，可以特別做點努力，讓你的靈魂明白你知道怎麼和自己相處。使用自己覺得美麗的食具、祝福你的食物。慢慢吃，帶著感謝，這樣有意識地用餐能夠幫助消化，也能讓我們維持健康、自然的體重。

有助於讓自己編織進西方能量的入夜儀式

以下都是適合一天、一個月、一年，還有一生中的「秋天」的實踐。

- 喝安神茶或卡瓦銷魂水（見頁165）幫助自己從白天工作狀態過渡到放鬆的夜晚。
- 烹飪滋潤身心的一餐。
- 慢下來、放鬆，休息。
- 幫自己按摩。
- 花點時間進行洗禮儀式、桑拿、泡澡、熱水浴或任何水之儀式。
- 一個人或和你愛的人一起在薄暮下散步。
- 欣賞日落。
- 花點時間和自然中的水相處──在沙灘上散步，或在自然水體中游泳。
- 在家創造一個舒服、滋養身心的空間，讓自己感覺被甜蜜地抱著。
- 向任何感到榨取你能量的事說「不」。取消任何感覺像是作業的社交活動。
- 結束你的工作。
- 讀詩、聽音樂或聽人說故事、玩樂器，或做些手工藝。
- 調配藥草。
- 冥想、禱告、踏上薩滿入神之旅，或做些療癒工作。
- 向自己的一天致上感謝、反思你的一天或寫日記。
- 幫助朋友、分享食物、建立安穩又有愛的社群和關係。
- 給自己一些獨處時間，就算只是十分鐘。
- 抱抱你的寵物、小孩或愛人──或是你自己。

跟著下弦月釋放

屬於南方之門的滿月之後大約八到十天的期間，就是西方之門的下弦月，將帶領我們進入北方之門的新月。

一如在我們最古老或現代的儀式與宗教中可以看到的；在眾多文化的習俗中、在我們的藝術與音樂中、在農耕、在我們的生理與生殖系統裡都可以看到：人類深深地被織入月亮的週期裡。人和月亮生物上的連結，在女人的身體和月經週期上也同樣強大而明顯、難以置信；經期跟隨月相變化，介於二十八到三十天。女人通常在新月或滿月來潮，並在循環的相對點排卵。女人住在一起的時候，她們的月經時常也會同步，而且可能在同一時間來潮。子宮是一個水體，如同海洋，它的潮汐也受到月亮週期的影響。

按照月亮記錄妳的排卵期和經期時，可以使用流年之輪（見第 16 頁）。將月經來的第一天標記為黑月，不用管月亮在天空中真正的面向。排卵對應到滿月，下弦月循環則會在排卵之後發生。如果卵子沒有受精，女人可能會經歷荷爾蒙下降，感覺起來像能量減低，甚至難過、悲傷。跟隨著月亮的再生循環，我們就能在這個時候使用滋補的藥草照顧自己的身體。而接近新月和月經到來時，也能呼喚像艾草、歐白芷等植物幫助我們的子宮內膜脫落，還有釋放經血。

「下弦月」時期是生殖週期的秋天，讓它準備月經來臨的冬季。和月經一起乘著再生與更新的潮流，女人來潮時要好好休息，喝滋補的煲湯來暖身和保養。秋天是烹調營養的食物、取消約會，以及找好保母的時刻。然後，在生殖循環的春天，女人就能感到重生、煥然一新。

在商業和我們在社會中所扮演的角色這些創造性的循環中，下弦月是算帳、反思過去一個月、總結所學、完成計畫，以及規劃一些休息時間的好時機。

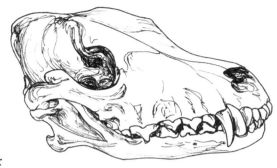

在秋天為死亡接生

　　到這裡，我們已經明白如何用身心體現西方漸虧的能量了。自然賜予我們更深的教誨，關於放手、釋放、堆肥，以及為死亡接生，好在未來的月分中能創造更多生命。正是在花園裡，我們能夠用死亡療癒一段關係，並學著照養它以創造生命。沒有死亡，就沒有生命。種子不費絲毫力氣發芽、生命在狂喜中綻放，同樣的花園，也富含死亡與腐敗。沒有堆肥、沒有能消化被允許回到大地事物的生態系統，未來的生命也就沒有了食物。

　　在我們的現代文化中，成長、擴張、生命和永恆的青春美麗被褒揚讚譽；同時，我們時常不知道如何面對死亡，更不用說如何為它接生、與它攜手同行。當我們不讓秋天進入關係、創意計畫、身體、心智和靈魂，我們就會過度延長夏季，持續嘗試去做、去生產和擴張——然後燃燒殆盡。無法在生命中養育死亡，也阻止了自己的重生，於是我們被卡住、變得虛弱、心靈空洞、抑鬱或病態。

　　如果跟隨自然的潮流，我們就有機會去接受並愛她沉睡的模樣。畢竟，這提醒著我們：我們也可以冬眠，可以醜陋；不需要隨時都用美麗的樣子示人，讓大家玩賞。不可見的，賦予生命，也是一年最黑暗的時刻中最為重要的。更好的是，如果允許自己深入地下土壤的肥沃黑暗，我們也進入了再生的潮水中，它會在春天復甦的生長中帶領我們到一個魔法般的時刻。

　　自然對死亡沒有恐懼。死亡，是朝向整全的甜美回歸，新生從那裡湧現。

智慧女人原型

在生命之輪上，我們在中年進入智慧女人時期，大約是從四十二到六十三歲。那是智慧的年歲，如果能夠精心照料，我們就能成為有能力帶領整個文化回到整全與平衡的智者與耆老。人生的盛夏果實結成，對應到母親原型、火元素和南方，隨後我們來到了生命熟透的中年。

原型讓我們能夠和世界普遍的能量連結：當我們跨越有形的語言領域，進入無形時，它們可以為我們帶來最強的「藥」。所有人都能使用這些原型，無論性別、年齡、有沒有孩子……。夏天／母親和秋天／智慧女人，兩個時期最首要的差異在於創造核心（sacral chakra，生殖輪）中能量移動方式的不同，還有這股能量如何分別創造、賦予形體，或者擴散進入無形。此外，我們透過第三眼（third eye）接收訊息的方式、為世界帶來願景的方式，以及第三眼和太陽神經叢（意志與行動的中心）之間的關係，也都有所轉變。

在那汗濕、受到太陽親吻、充滿生命力但也有些倦意了的個人夏季之後，我們在生命的午後坐下，在這「魔幻時刻」環顧四周，欣賞整個創造之美。我們開始轉換能量，慢下腳步，讓勞動的果實熟成。在生命的秋季，我們不再播下那麼多種子，而是照料已經成熟壯大的樹。還是有些工作要做；這是個採收勞動果實的季節，和人們分享我們的豐收，還有為了過多而保存我們的收成。

人生的夏末和秋天如此富饒，我們和所愛之人聚在一起，慶祝豐收。我們也學會了立下適當的界線，並有足夠的智慧知道怎麼不陷入他人的迷惑中；面對關係與抉擇，也更透澈、更有經驗和想法。我們學習如何允許生命自由開展，尊重偉大的神祕所需要的空間，不再硬要讓生命符合自己對事物發展的期待、符合我們強硬、火一般的意志。當我們不再催著自己、他人或生命，這就不再是實現目標的主要方式，我們也就更能安心信任人生的流轉和時機。

就像秋分光與暗的平衡，我們也能在內在和外在生活之間找到健康的平衡。我們仍經常參與著群體；但同時也渴望更多獨處時間，用來反思或呵護自己精神的泉源，這些都能為我們向外在世界展現的面貌帶來養分和靈感。西方之「門」的水元素教導我們承載、移動各種情緒，同時也不被情感的洪流沖走、失去自我。直覺和靈力隨著我們的靈性修煉成長。我們也在此時踏上薩滿式靈魂之旅和作夢，花更多時間處於非線性的領域中。「右腦」是可以對靈魂帶來非常多好處和養分的。

　　對女人而言，生育的時刻從此逐漸遠去，荷爾蒙也隨著我們進入更年期有所改變。許多文化中，女人停經常和獲得更大的靈性力量連結在一起。在母親時期，我們每個月奉獻給大地的 —— 以血的形式 —— 那賦予生命的能量，在此時被認為轉向內在，留給女人自己。

　　對男人而言，性荷爾蒙同樣也會有所變化。睪固酮濃度通常會下降，對應到了男性漸衰的陽性面向。因為進入了西方的水澤，並加深自己和情感、直覺、夢境還有感性的關係，中年男性常有變得更加敏感的趨勢。

　　身處人生之秋的人們，已經有了寬廣的人生經驗。我們更了解自己、更欣賞和珍惜生命的禮物與它們的有限，也因此開始把優先順位留給讓自己感到健康、有活力和平衡的儀式與保養。很多人在他們的中年開始了養生的旅程，並發覺身體狀況因此比自己在二十幾歲的時候感覺還好。智者使用藥草、儀式、運動和自我保養，同時增加能量和生命力，也把自己帶往更深的放鬆狀態以及修復療癒。

療癒內在智慧女人

有些人帶著空著的提籃，心懷恐懼來到這道「門」前。缺乏勇氣的人在南方之門可能牽制了自己，而從來沒有全心投入一件事，或見證它開花結果。有時候童年創傷也會讓我們一部分的靈魂停留在人生的春天，在傷口被治療、轉化之前無法前進。卡在春天的少女原型，可能會導致害怕長大跟承擔責任；也有可能讓人不斷尋找新的體驗和冒險，用零散的方式運行能量，而總是無法好好培養一項計畫直到結成果實。有些人則確實全心投入了創造，最後卻發現人生和偉大的神祕帶來橫禍，而他們照料多年的花園毫無預警地遭到破壞殆盡，留下的只有心碎與困惑。在西方收成的時刻，這些人發覺手中的提籃空無一物。

帶著不多的富裕來到中年的人，可能會經歷恐懼、疑惑或靈性危機。這就是女巫汲取我們扭曲時間和空間能力的時候了！我們在每道「門」打開的渠道中施行魔法，創造奇蹟、讓自己的人生再生。即使人生的曲徑帶領你到一座貧瘠的花園，南方諸門還是永遠都會為你敞開，邀請你帶著勇氣和行動面對每一天；在每個滿月升起顯化的能量；在夏天長時間的白晝駕馭太陽的力量來努力，獻身於你新的、充滿靈感的創造和志業。

秋天的日子或許不像前一個季節那麼長、那麼充滿能量，但在夏天辛勤工作過的智慧女人知道如何更有智慧地勞動。她對自身能量的使用慎思明辨，那是種內在的成熟，讓她的創造與計畫得到非常美麗的熟成與深化。她不再對每項計畫、社交邀請、工作上的承諾或孩子說「好」。智慧女人會先停下來；她知道不必急著回答。首先確認自己內心的真實，她就能把混亂從生命中剪除。你會時常聽見智慧女人回覆：「哼嗯……讓我想想」，或者「我會再告訴你」。智慧女人清楚知道自己的「好」和「不要」。她能夠在自己的生命中創造非常多的魔法、豐盛和驚豔，而且這些常常是屬於她自己、更個人的，和她的

力量、真實與天賦一致,也更尊重她的自我保養、休息和愉悅。鍛鍊明辨和聆聽內在深刻的「好」和「不要」,有助於療癒和強化智慧女人的身心,補上任何的能量破口,並培養力量與對「真我」(Self)的信任。

確實,南方和西方之間不存在明確的分界線。我們每個人都會發現自己能量供給的制高點不固定,並會在每天、每個月、每年潮汐變化。如今許多人比起過去更晚才有家庭,或在退休之後才創業。你也可能發現自己事業上已經進入了智慧女人時期,但人生上才剛成為新手媽媽,或剛開始一段新感情,讓你的心靈像少女的春日一樣翱翔。在每一天進入循環中敞開的門,即使是年輕的少女也能開始發展和汲取自身內在智者的天賦。

我們是巫。我們不被時間定義。

西方的大地之藥：轉換意識狀態的植物

植物是我們的耆老。多虧了植物先從海洋移往陸地並創造了氧氣，人類才能夠來到這顆星球上。許多藥用植物在這裡的時間比人類還要久遠。他們適應了各種生態系統、氣候和生存條件已經超過幾千年了。他們帶有的韌性成為人類身體的藥，讓我們變得強健，適應力也更強。他們也帶有獨特的標誌、靈魂與元素比例——就跟我們每個人一樣。植物具有意識和個性，而且能夠在我們的心智中、情緒體和靈魂中打開「門」，為我們帶來不同意識狀態的親身體驗；跟我們平時習慣經驗自我的方式相比，那會是很不一樣的意識狀態。

西方的植物時常有沉澱身心的效果，能讓神經系統慢下來、打開心輪和生殖輪，滋養我們體內的水元素，並喚起夢境與直覺的心靈。他們能帶來具體的放鬆體驗，帶領我們進入更深的腦波，讓我們在那裡治療神經系統、重新訓練心靈，並讓我們能成為放鬆、毫無焦慮、更有創意的自己——有時會是我們生命中第一次有這種感覺。

如今很多人在和長期壓力、焦慮症和過動的心靈搏鬥。如果這變成你的日常狀態，你可能會開始把自己和焦慮重疊、劃上等號（或和憂鬱，或其他的意識狀態），創造出「我就是個焦慮的人」這樣的故事。和植物靈之藥建立關係，能讓我們改變本來的狀態，並體驗不同的意識狀態。在西方植物的幫助下，以為自己等於焦慮的人常常會發覺：「哇！這一刻，我的呼吸、我的心和思緒居然真的那麼安靜。感覺真好。」有了這樣新的認知，明白我們不等於焦慮，或知道我們有能力躺下、放鬆，我們就能運用意念和覺察，輔以藥草的古老療癒贈禮，來讓關於自己老舊而侷限的故事回歸土地，成為肥料，讓我們成為更開闊、更有智慧，也更能愛自己的存在。

安神藥草（Nervine）茶是幫助我們進入這道門的好夥伴，能讓我們過渡到更放鬆的狀態。他們能在西方這個過渡的時間指引我們，教導我們如何放鬆、釋放，並在物理上和情感上都接受療癒。安神藥草是放鬆、讓神經系統平靜下來的植物，例如美黃芩、歐益母草、聖羅勒、薰衣草和洋甘菊。用這些植物沏一杯溫茶或泡杯養生飲，舒緩焦慮、安定在工作時段主宰的思考與分析腦，並讓我們進入左腦的領域，而能夠變得更有創意、更有想像力。有些安神藥草，例如卡瓦卡瓦、美黃芩和藍睡蓮，同時也有抗痙攣的效果，他們能釋放身體上的緊繃、壓力和抽筋，不只給我們

平靜的心靈，也還我們一個深層放鬆、無痛的身體。

　　鎮靜劑（Sedatives）是比安神藥草更強效的植物，能帶來我們所需要的修復性睡眠。儘管深層的修復性睡眠對應的是北方之門和冬天，西方還是過渡的時間，讓我們準備進入再生的黑暗時刻。現代文明的步調促使我們延長工作時長，而屬於西方的過渡時間則常常被忽視——人們直接從工作跳到昏厥。延長活動狀態、工作到很晚，還有忽略過渡階段很可能導致失眠、焦慮、睡眠障礙、腎上腺疲勞、能量耗盡，甚至憂鬱。西方與北方之門在我們的現代文化中不被認為具有同等的價值。鎮定劑，例如蛇麻花和高劑量的卡瓦卡瓦，能幫助我們停止抗拒寂靜、黑暗和回歸的深邃。他們能把我們帶往最深的放鬆狀態。

　　療癒、平衡水元素的藥草常常也能治療生殖系統和生殖輪，並和西方之門連結在一起。能量屬陰的植物，包括茉莉、芍藥根和天門冬，能幫我們滋養內在的女性。通經藥草（Emmenagogues）和其他的子宮補品，例如覆盆子葉、歐白芷和蕁麻，都能促進子宮內膜脫落和帶來月經。還有像艾草和黑升麻等藥草，則對應到了漸缺的能量，能夠幫助經血的釋放。達米阿那、金盞花和印度人參則是生殖輪的好夥伴，具有強大的太陽能量，也被當作男性生殖系統補品使用。

　　淨化花水和藥草浴把水的治癒元素和植物靈煉化在一起，讓我們的意念和禱告滲透到內在與四周的水裡。

　　免疫系統補品是能強化免疫系統的藥草和配方，能幫助我們為感冒和流感肆虐的冬天做好準備。把秋天視為冬天做準備的時刻，我們表達敬意的方式是挖起藥草的根，用來製作治療的酊劑和糖漿，在前方更加黑暗的月分賜給我們力量和健康。

163

秋季配方
與
藥草調配

卡瓦銷魂水
Kava Bliss Elixir

這個配方讓我在我的女巫團中小有名氣，汲取了卡瓦卡瓦和椰子脂之間的傳統煉金術關係，還加入催情的香料來提升藥用植物帶來喜悅和歡愉的效果。

享用卡瓦銷魂水，來慶祝一天工作的結束、慶祝自己進入了放鬆又享受的夜晚吧！和你愛的人一起享受；或一個人品嚐，用來幫助喚醒對自己的愛，為你帶來一些歡愉儀式和保養的靈感，也很適合作為親密晚餐的飯後飲料喔！

成品：1 人份

1 茶匙卡瓦卡瓦粉

$1/2$ 茶匙（1.2g）肉桂粉

$1/4$ 茶匙（0.6g）肉荳蔻粉

1 小撮綠豆蔻粉

1 茶匙（6.7g）蜂蜜

1 大匙（15g）椰子奶油或 2 大匙（38g）椰漿

現磨肉豆蔻磨和／或乾燥玫瑰花瓣點綴（可省略）

1. 把所有材料和 240ml（1 杯）熱水加入高速果汁機打到起泡。

2. 用現磨肉豆蔻和／或乾燥玫瑰花瓣點綴。好好享用吧！

卡瓦卡瓦
Kava Kava

卡瓦卡瓦是種儀式飲品。在萬那杜（Vanuatu）和斐濟等南太平洋島國的傳統裡，會咀嚼卡瓦根並放進椰子裡發酵。請參閱第 178 到 179 頁了解更多關於這個無與倫比的植物和他的眾多功效。在卡瓦和椰子古老煉金術關係的脈絡下，以下配方最適合用來和卡瓦純粹的存在連結。這就是我和卡瓦進行植物冥想時使用的泡法，也是把卡瓦介紹給第一次接觸他的人時，所採取的調製方式。如果要重新訓練神經系統，這也是我推薦的使用方法。

成品：1 人份

2 大匙（14g）卡瓦卡瓦粉（也可以加更多）

2 大匙（19g）椰漿

1. 在一個玻璃罐中加入卡瓦粉和 1 品脫（473ml）的冷泉水，蓋上蓋子，浸泡隔夜。

2. 隔天，把卡瓦茶和椰漿一起加入高速果汁機拌勻。

3. 室溫享用。根據自己的需要使用：可以整天頻繁少量啜飲，讓焦慮值保持低下、增強注意力；或者喝一大杯，讓全身心澈底冷靜放鬆。和其他人一起喝也可以打開心房，幫助放鬆交流。

卡瓦與可可的誘惑
Kava-Cacao Elixir

就像它的名字暗示的，這道養生飲會帶領我們進入放鬆、欣快的狀態。它能夠打開心房，喚來歡愉和喜悅，釋放腦內啡。卡瓦卡瓦讓身體放鬆，釋放緊繃，但可可更有令感官興奮的效果，使得這道飲品適合在做愛之前，或交心對談，或在夜晚進行藝術創時享用。

成品：1人份

8盎司（240ml）熱水

1茶匙（3g）卡瓦卡瓦粉

1大匙（5g）可可粉

1茶匙（7g）楓糖

1 大匙（15g）椰子奶油或 2 大匙（38g）椰漿

適量私釀香草精（見右方）

1/4茶匙（1g）瑪卡粉（可省略）

現磨肉豆蔻磨和／或乾燥玫瑰花瓣點綴（可省略）

1. 在高速攪拌機中把養生飲的材料打至起泡。
2. 用現磨肉豆蔻和／或乾燥玫瑰花瓣點綴。好好享用吧！

私釀香草精
Homemade Vanilla Extract

自己做香草精非常簡單又實惠，還能確保所有材料都是最高的等級。跟酊劑一樣，酒精會在四到八週期間萃取香草的精華。

成品：6盎司（175ml）

1 根香草豆莢，沿著豆莢長度剖半，切成1英吋（2.5cm）的小段

6 盎司（175ml）波旁、蘭姆、伏特加或其他酒精

1. 將香草豆莢放入密封罐中，加入酒精蓋過豆莢。蓋緊蓋子，搖一搖。
2. 將罐子置於陰暗的櫃子中四到八週，遠離日照浸泡。想到的時候就拿起來搖一搖。

新鮮柳葉茶
Fresh Willow Tea

　　柳樹是種充滿魔力的植物，能夠洗去身體上的緊繃、疼痛和發炎反應。正確操作時，採收嫩芽有益於她的生長，還能沏杯美味又能打開心扉的粉色藥草茶。柳樹為我們打開夢境的大門，是冥想的好夥伴，也是教我們柔軟、如何彎腰而不被折斷的導師。

成品：1人份

柳樹新芽

1. 收成柳樹新芽。去掉樹皮，將外層樹皮堆肥。最有藥效的部分是內層的綠樹皮，也就是形成層。
2. 用1夸脫（946ml）燒開的熱水沖泡一把內層綠樹皮，隔夜浸泡；或用1夸脫（946ml）的水在鍋中小火煎煮樹皮，加蓋，避免藥用成分隨蒸氣蒸發。
3. 溫飲或冷飲。閉上眼睛啜飲茶湯十分鐘，繼續閉著雙眼，邀請植物靈和她的藥進入身心。觀照體內的感受，讓所有緊繃、哀傷、痛苦和禱告都隨著柳樹如水的療癒逝去，洗滌你的情感、靈魂與肉體。

柳樹酊劑
Willow Tincture

　　柳樹藥酒是個非常棒的藥草櫃常備藥，能當作止痛藥、抗痙攣劑（anti-spasmodic），以及溫和的安神藥。柳樹藥酒能夠緩解發炎反應、關節炎、背痛、頭痛、心悶、紓解壓力等等。阿斯匹林就是從柳樹萃取的。

新鮮或乾燥的柳樹樹皮內部青綠部分
高品質伏特加或其他酒精溶劑（或以有機、非基改、食品等級的甘油與泉水製作無酒精版本）

1. 如果使用新鮮的柳樹樹皮青綠內層，則把所使用的玻璃容器不論大小都填充到九分滿，並加滿伏特加。如果用的是乾燥樹皮，則只要裝滿容器三分之一再填滿酒精就行了。若要製作無酒精版本，則使用百分之八十的甘油兌上百分之二十的清水。
2. 蓋上蓋子密封，貼上標籤，貯藏在陰暗處八週，之後過濾就能使用了。
3. 在4盎司（120ml）的水中加入1茶匙（5ml）的酊劑飲用，用來緩解經痛、打開心輪或用於作夢。

接骨木免疫香甜酒
Elder Immunity Cordial

　　如果要預防生病，這道香甜酒是第一首選，它同時也非常美味。你可以稀釋 1 盎司（28ml）在熱藥草茶中，配上一點檸檬和一匙蜂蜜啜飲，獲得強大的防護力。身為母親，我總是暴露在女兒從學校帶回家的病毒和其他傳染病之下，每當我感到自己的免疫系統開始抵禦著些什麼，我就會開始每一到兩個小時攝取這道香甜酒一湯匙（15ml）。生病時，我也以同樣的頻率和劑量服用，它讓我的康復速度快得驚人。這個配方中的抗病毒、抗菌與強化免疫系統成分強大得令人難以置信！

成品：大約 1 夸脫（946 ml）

2 杯（256 g）接骨木果實
2 杯（113 g）接骨木花
3 吋（7.5 cm）生薑，去皮切碎
新鮮橙皮
1/2 杯（40 g）乾燥歐白芷根（可省略）
1/2 杯（40 g）乾燥紫錐根（可省略）
一枝新鮮百里香（可省略）
白蘭地
一杯（340 g）蜂蜜（可省略）

1. 將所有材料放進 1 夸脫的玻璃罐中。加滿白蘭地。
2. 如果打算使用，加入蜂蜜。
3. 在 3 盎司（90 ml）的熱水中加入 3 湯匙（45 ml）的成品服用。

無酒精接骨木漿果蜂蜜醋
Nonalcoholic Elderberry Oxymel

　　接骨木漿果是奇蹟似的藥草，具有強大的抗病毒與激發免疫力的藥效，富含維他命 C 和抗氧化成分，還非常美味，因此讓它成為小孩的最愛。這帖配方使用蜂蜜和醋當作萃取的溶劑，所以不含酒精，對小孩或在戒酒的人都非常安全。

成品：不一定

乾燥接骨木漿果
生蜂蜜
蘋果醋

1. 將接骨木漿果放入任何大小的罐子裡，直到五分滿。
2. 在另一個罐子裡準備溶劑，混合等量的生蜂蜜和蘋果醋。
3. 將蜂蜜醋溶液倒入放有接骨木漿果的罐子中，幾乎加到瓶口。在瓶口放一張蠟紙或塑膠包材，防止醋和金屬蓋接觸。封上蓋子，搖一搖。
4. 遠離光照貯存八週，想到時就搖一搖。
5. 有任何感冒前兆，每一到兩個小時服用 1-2 大匙（15-30 ml）。生病時劑量也相同。

夢之茶
Dream Tea

　　這道茶安神、放鬆、甘甜又滋潤，就像一條夢境般的絲質河流。蜀葵根、椴樹和甘草讓這味茶質地黏稠、滑潤，充滿水分，平衡了柳樹收斂的性質。如夢如水，可以在晚間飲用，釋放身體的壓力、放鬆心靈；也能在睡前啜飲，請植物靈為你帶來夢境。

成品：1人份

　　1茶匙（2 g）乾燥西蕃蓮葉

　　1茶匙（0.6 g）椴樹花與葉

　　1/2 茶匙（0.75 g）乾燥洋甘菊花

　　1/8 茶匙（0.6 g）乾燥甘草根

　　1/2 茶匙（0.75 g）乾燥柳樹皮

　　1/2 茶匙（0.75 g）蜀葵根

1. 用 8 盎司（240 ml）熱水沖泡乾燥的材料，浸泡二十分鐘或更久。或者用鍋子小火煎煮幾分鐘，加蓋防止藥效隨蒸氣揮發。

2. 過濾享用。可以再加入蜂蜜增加甜味，不過非常少量的甘草根已經有點甜味，而不至於有太重的甘草味。

晚安女神奶茶
Goodnight Goddess Mylk

　　飲用這道茶飲的女神將會沉入至福的睡夢，受到這份靈藥的滋養與擁抱。雖然酥油是能造成消化問題的奶油，但其本身在消化上卻非常容易；它在阿育吠陀菜餚和藥草學中是種食療聖品。

成品：1人份

　　1/4 茶匙（0.6 g）甘草根粉

　　1/2 茶匙（1.1 g）印度人參粉

　　1/2 茶匙（1.1 g）天門冬粉

　　1湯匙（12 g）草飼牲畜生產的酥油

　　1茶匙（6.7 g）生蜂蜜

　　肉桂粉、現磨肉豆蔻和／或乾燥玫瑰，點綴（可省略）

1. 把奶茶的所有材料和 8 盎司（240 ml）的熱水加入高速果汁機中打至發泡。

2. 撒上肉桂粉、現磨肉豆蔻或玫瑰點綴，上桌。

無骨高湯
No-Bone Broth

無骨高湯在我的藥草工作坊「荒野之愛藥草舖」（Wild Love Apothecary）、我的社群和家庭都很有名。把以下材料燉煮一個小時或更久，就能有好喝的高湯了。上桌時，可加入一些有機胺基酸醬油（liquid aminos）和一點檸檬汁，淋在白飯或河粉上，佐以一把新鮮香菜。再用紅辣椒粉添加一點辣味，會美味到所有人一定會把碗盤舔得乾乾淨淨、暖到骨子裡，並深深地滋補免疫系統，又不會讓消化系統負擔過重。這個配方也能用作其他湯品的基底，根據你的喜好加入蔬菜。

份量：1 加侖（3.8 L）

1 杯（48 g）乾燥蝦夷蔥

1/2 杯（56 g）牛蒡根

1/2 杯（56 g）蒲公英根

2 片靈芝切片

1 杯（36 g）乾香菇

鹽，適量

1. 把所有材料加入 1 加侖（3.8 L）的水中，煮滾。

2. 加蓋，轉小火，煨燉一小時或更久，直到湯有足夠的濃度。

加入有機胺基酸醬油、檸檬和辣椒粉，直接享用，或淋在飯麵上再上桌。

簡易即興秋季蔬菜湯
Simple Fall Veggie Soup Improv

秋天是湯的季節。湯能帶來深深的滋養，安定身心，有飽足感，能淨化生理系統，而且很好消化。這邊是一個很棒、萬用的基底，可以使用當季蔬菜煮你自己的湯。我發現只選用一種蔬菜能讓湯更美味，而不是神祕的大雜燴。花椰菜、南瓜和金瓜都是我的最愛。大家都愛這道香濃的湯——而且它做起來簡單快速到會讓你的客人覺得是魔法！

成品：不一定

你選擇的秋季蔬菜（一或多種）

2朵乾香菇

1片靈芝切片

1把牛蒡根

水或高湯（見右方）

幾湯匙（30g）奶油或草飼牲畜產的酥油

鹽，適量

研磨黑胡椒，適量

薑黃、煙燻紅椒粉、孜然和／或其他香料，適量（可省略）

1. 將蔬菜、菇類和牛蒡放入水或高湯中煮開。水或高湯應該蓋過蔬菜兩吋。
2. 蔬菜煮軟後，拿出靈芝，因為靈芝太硬了，無法打碎。
3. 加入奶油或酥油，放入高速攪拌機攪拌。
4. 用鹽和黑胡椒調味，也可以加入適量的其他香料。上桌。這道湯可以在冰箱中貯藏好幾天。

蔬菜堆肥高湯
Compost Veggie Broth

雖然名稱不是讓人很有食慾，但蔬菜堆肥高湯能幫助我們記得，蔬菜不使用的部分不拿去堆肥，還能製成高湯。切下或削下芹菜、甜菜根、胡蘿蔔、花椰菜和其他蔬菜的尖端或莖桿時，可以把這些富含養分的部分放在一個容器中冷藏。累積到一夸脫或更多分量後，加入兩倍的水然後加鹽、加蓋，小火熬煮一小時，製作充滿礦物質的高湯。可以當作基底，用來製作其他湯品、醬汁、咖哩或菜餚。需要在幾天內使用。

花園裡，大地上

秋天，是大地深深吸氣的開始，直到春分才會停止。這樣漸缺的能量把植物的生命力從他們身體的地上部位，往下帶到根部，以及落入或犁進土地的種子那裡。

在秋天的花園中，綠之女巫掘起藥草的根，包含牛蒡、紫錐花、印度人參和蜀葵。請遵循神聖採收的方式進行（見38至39頁）。在挖起的植物周邊預留足夠的空間，小心挖起完整的根，不要留下太大的碎塊在土裡腐爛。收割植物的根總有種脆弱的感覺；和採收他們的地上部分不同，對大多數根類藥用植物而言，這就是他們生命循環的終點了。秋天就是像這樣的——這是一個把我們和死亡、和脆弱、和心中的柔軟，還有和生死之間逐漸稀薄的帷幕連結在一起的季節。

秋天的花園是一道適合釋放和放手儀式的魔法之門。我會剪去死枝枒，用來製作儀式的引信和火種，讓我在秋天釋放的，能被冬天的第一道火吞噬。

我也會把放手和釋放的禱告編入堆肥中，深深享受腐葉的氣味，整片大地慢下來、進入沉思時期的安穩感覺。

我會花點時間躺在土地上，讓我火一般的心靈——被夏天完全點燃、燒盡的心靈——和能量漸缺的大地和諧共鳴，經常實行大地共鳴儀式（95頁），還有大地私語儀式（174至175頁），讓自己弛放下來，沉入西方諸門，準備迎接冬季深邃的夢。

我也開始幫大地準備一條活生生的綠色毛毯，讓她作夢時能蓋著。將大把大把的豌豆和覆土作物種子撒在我赤裸的肚子和胸部上，躺在花園之門中、秋日幽靜的陽光裡，讓禱告進入種子，而他們會在大地的黑暗中沉睡，然後成為生命甦醒。

我從花園蒐集種子，保存、分享、和朋友交換；在山裡撫觸野生植物，讓他們的種子落下，然後撒往帶來轉變的風中。

秋季儀式

釋放的儀式、哀悼、薩滿靈魂之旅、夢境魔法、藥草浴、花水、剪斷繩結和接生死亡等等都是秋天的儀式。

靈性上，秋天邀請我們挖掘得更深，並投入像花朵一樣盛開的行動的根部。如果不讓「生產力比放鬆更有價值」這樣的信念回歸土地、成為養分，我們的蛻變就不會完整。流年之輪的再生循環教導我們信任自然的永恆時序。透過儀式，我們能夠剪去把我們推向精疲力盡的那些信念，並溫柔地將自己引導到新的存在方式。透過進入西方的創造之水中，放鬆、休息、培養滋養身心的聯繫，我們會發現自己在需要行動、創造、擴展和生產的時候，帶著更多的靈感、能量、機智和精力覺醒！

大地私語儀式

這是我最愛的儀式之一，靈感來自一名學生跟我分享的儀式；但我沒辦法追溯它的淵源，而且多年來我也做了許多調整。每個秋天，當我們和蓋亞下沉的能量前往海底時，我都會跟我的學徒分享這個儀式。這是一個非常深刻的釋放與重生儀式，也是一個入口，讓你能用非常親密、非常有連結的方式，向大地之母神聖的肉身、豐饒的黑暗裡傾訴話語。

1. 首先讓你的身體和大地共鳴（見 95 頁）。感受到身體和大地的頻率連結後，俯臥在土地上，讓腹部接觸大地。

2. 聞聞泥土的氣息，閉上眼睛，並把雙手打開，放在臉部周圍的地面上。

3. 和大地說話。介紹一下自己。發自內心分享你的意圖：你想要釋放重擔呢？還是訴說你最神聖的渴望？請求大地允許你打開她的身體。

4. 等待、聆聽肯定的回應。大地是最慷慨與慈愛的母親，她永遠都會為我們敞開，接收我們的負擔與悲傷，並透過自身將之轉化。但我們一定要等待她允許。

5. 感到她同意後，挖一個洞。我會挖一個足以容納我的鼻子和嘴巴大小的洞，然後把額頭和第三眼靠在地面上。

6. 從你最柔軟的地方出發，向母親大聲說出心裡的話，讓這些話進入她的身體。這是一個極為神聖的行為。訴說你的憂傷、釋放壓在你心中的大石，這樣就能放下重擔。請求母親把那些從你身上拿走。記得感謝她。

釋放能量之後，我們會賦予騰出的空間新的意念。不需要非常詳細，也不需要呼喚明確的事物，雖然希望的話，也可以用這種方式祈禱。總之，思考一下：釋放之後會留下能量的空洞。用信任、愛與禱告填滿它。

7. 給母親一個禮物 —— 也許是一束頭髮、水、花朵曼陀羅或神聖的藥草。如果那個東西很有意義、有點難以割捨，那就是個真正的禮物。

8. 為以這種方式打開她的身體請求原諒。感謝她的慷慨。

9. 封上洞口。靜靜躺著、呼吸、書寫，消化吸收。

剪斷繩結儀式　Cord-cutting Ritual

這個儀式是由藥草老師、長者甜藥之國（Sweet Medicine Nation）交給我的。我調整過，也持續使用著它，尤其當我感到能量繩結纏繞著我的靈魂、情感體或心，而應該要放手的時候。我們常說自己和各種壞習慣、傾向或關係已經結束了，但一道具體的儀式能把這個訊息傳達給我們整個靈魂、所有的細胞，還有可見與不可見的巨大網絡。這個強大的儀式能用來釋放老舊的牽繫。

1. 帶著一顆充滿禱告、澄澈、做好準備放下的心，到森林裡。準備一把刀、一條長繩（例如用來做友誼手環的那種繩子）還有祭品。創造神聖空間。

2. 從心中傳出禱告，並請求一棵樹呼喚你到他面前 —— 一棵願意協助你釋放的樹。感覺到連結後，赤腳走向那棵樹，並讓你的能量和他同步。可以使用大地共鳴儀式（95 頁）來和樹的能量同步，把身體靠在樹幹上，或和他冥想。

3. 花點時間深呼吸、沉澱能量，打開你的心。像對老者一樣，跟樹說話 —— 帶著尊敬、發自謙卑的心，訴說你希望能夠釋放陳舊的牽絆。解釋你為什麼準備好放手及方式。

4. 請求樹的許可，詢問他是否願意在這個儀式裡幫助你，然後獻上祭品，聆聽回應。

5. 如果感到正面的回應，赤腳站在樹前，把繩子綁在腰上，大聲宣告它象徵什麼，然後把另一端綁在樹幹上。

6. 稍微向後靠，把手放在綳緊的繩子上，感受那份牽絆。說出那份牽絆是什麼，

想像束縛你的能量進入繩子。舉起刀子，大聲宣告：「我在此剪斷連結，從此脫離解放，永永遠遠。」

7. 切斷繩索。閉上眼睛，感受體內的能量變化。坐下沉澱你的能量，把雙手放在地上，或腹部接觸地面，或靠著樹幹。給自己一點時間，允許放手發生，並感受體內的不同。

8. 致上感謝、感謝樹。打開你創造的神聖空間，感謝神靈。把繩子留在腰上，直到它自然脫落。留意它什麼時候掉落。

跟水還有紅花苜蓿一起哀悼

哀悼，是向生命、向愛與重生敞開重要的一個部分。當我們沒有好好為某件事哀悼時，某種「卡住的東西」和沉重會留在體內，讓我們抑鬱或生病。哀悼並不是為了讓感覺變好（儘管適當地哀悼幾乎都會讓我們感覺輕盈一點、開闊一點）；哀悼是為了讓能量再次流動，為了蛻變。同樣地，哀悼不是為了停止心碎，但哀悼能讓能量移動起來，讓心能繼續它轉化的命運和神祕的開展。

哀悼是如水一般的事物。秋天，當水之諸門敞開時，我時常會沒有特別理由而感到某種哀愁和懷念，並接通哀悼的潮流。秋天確實也是用眼淚和哀悼儀式釋放能量的絕佳時節。

給自己一些不被打擾的時間，理想情況下，在大自然中打開流動的哀傷之門。準備好手札、熱茶、毯子，還有釋放與洗滌一新之後休息的選擇。如果感覺到自己有特定的人或事需要哀悼，但能量或淚水滯塞的話，建議找流動的水體幫忙。河流就是很棒的夥伴，但淋浴也會有效果；也可以呼喚打開心扉、讓水流動的紅花苜蓿精靈來幫助你。

在一夸脫大的罐子中放入一把紅花苜蓿，倒滿熱水，製作藥草茶，浸泡一小時或更久。在浴室裡創造神聖空間、燒點祝福聖香，並點上蠟燭。播放一些柔軟你的心、轉換你的意識的音樂。冥想、飲用紅花苜蓿，跟她的神靈說話，請她幫助你釋放。用你跟一個老婆婆說話的方式跟她說話，花點時間聆聽她在你體內的能量，好好領受。呼吸……變得柔軟……。用茶湯塗抹眉心，並用她溫柔地沖洗你的肌膚，然後祈禱。意識到自己什麼時候被引導去沖澡或泡澡，然後請求水洗去你卡住、準備好釋放的能量。如果是泡澡的話，結束時待在浴缸中，讓水流乾，感受水和能量流走，回歸大地。最後打開神聖空間，感謝神靈。

秋天之門的
藥草

卡瓦卡瓦 *Kava Kava*

拉丁學名：*Piper methysticum*
植物科名：胡椒科

卡瓦卡瓦（或就是卡瓦）是生長在夏威夷、斐濟群島等太平洋潮濕熱帶地區的灌木，有著心型的葉子；原生於萬那杜。他是種在文化與儀式上有著重要意義的古老藥草，被稱為快樂根，許多世紀以來持續被使用著。目前僅以手工栽培繁殖。

藥草特性

- 深層放鬆、輕微欣快：卡瓦是個能改變意識狀態的深沉植物導師，分享了許多把現代人帶回平衡的智慧。
- 鎮靜、安神：焦慮、公開演說和社會參與的好夥伴，同樣也能在忙碌的一天後幫助釋放緊繃，放鬆神經和身體；他也能帶來深層的平靜和放鬆，幫助睡眠與緩解失眠，而不會讓人昏沉，讓你在醒來後煥然一新。
- 抗痙攣、消炎：在物理創傷後幫助靈魂歸還身體，安定下來；飲用時，在口中和黏膜會輕微發麻，還有種溫暖的酥麻感傳遍全身，讓人深深放鬆，對痙攣和疼痛都有幫助。
- 抗憂鬱：振奮精神，打開心胸與思維。
- 苦味健胃藥、祛風：移動消化系統和太陽神經叢中的能量。
- 自愛與自我接納的好夥伴。

植物靈療癒

卡瓦之靈在冥想中時常會先讓身體安定下來，讓我們的根放鬆、植入支撐著我們的大地，和重力連結，並釋放身體上的緊繃、洗去所有抽搐、僵硬、疼痛和發炎反應。投入那麼幸福的放鬆和當下是多麼美好的感受啊！接著，心靈也會變得更平靜；這位植物靈常說：「放鬆……一切都沒事的。」我們人類的煩憂會開始顯得渺小，而某種和深層時間以及更宏偉的規劃的連結，開始進入能量身體。身體感到安全，人的靈魂也能更深地進入肉體——對經歷過例如車禍或其他外傷或暴力等物理創傷的人來說，這能帶來很深刻的療癒。卡瓦也能治療身體、思維和心之間的關係，重新訓練我們的神經系統，讓靈魂知道在這裡、待在身體裡是安全的。對有焦慮傾向、靈魂常常離開身體，容易和恐懼或緊張共振的人來說，這就能有長期的奇效。卡瓦的嗡鳴深邃、可口、緩慢又潤滑。他把他的低音唱進我們的骨、水、火和細胞之間。進入身體的放鬆狀態時，卡瓦常讓我們和創造與愉悅的中心、生殖輪連結，同時也打開第三眼。人生至今，卡瓦在許多方面都給過我深刻的指引，其中之一是關於如何讓事物誕生於這個世界。卡瓦之靈教導我：所有我們創造的事物都有靈魂，而這項事物在怎麼樣的頻率下被創造出來，同樣的頻率會持續擴散出去，像留下的漣漪。

　　因此，如果我們在混亂、緊迫、恐懼或類似的狀態下創造，我們的造物會繼續把那份能量擴散到世界中，無論他被賦予的目的有多偉大。也因此，我們生出的事物可能創造更多混亂和喧嘩；或者，如果我們先讓自己的能量體變得和諧，然後從深層的信任、扎根的冷靜和具體的至福這樣的地方出發、創生，我們就能創造更多和諧。我們的造物甚至只要單純存在著，就能是「藥」。我引導人們和卡瓦之靈連結的時候，明白到對壓力過大、不知所措、受到過度刺激的人來說，這株植物是很有深度的治療者。卡瓦把我們編織成群體，一個無階級的圈子；他讓我們投入自己的心中，並和深沉的信任和諧共鳴。

注意事項

　　總體而言，卡瓦一般被認為是安全的，即使孩童使用也是。但不建議在懷孕時使用，因為他抗痙攣的特性會放鬆子宮。若長期使用，卡瓦可能對肝造成負擔。

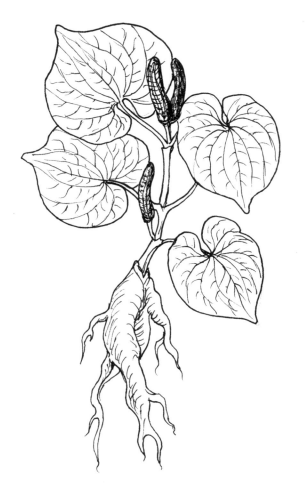

植物檔案
柳樹 *Willow*

拉丁學名： *Salix spp.*

植物科名： 楊柳科

　　充滿魔力的柳樹或灌木有著交替生長且多為狹長的葉和柳絮，背部呈銀色，時而在月光下盪漾，鄰近她喜愛生長的溪邊、野外的水體和土地上。分枝出許多品種的柳樹遍布北半球的歐洲、亞洲和北美洲。她常常守護著河畔，用她釋放到共享水系的生根激素支援其他植物。她在每個秋天死去，每個春天重生，是再生循環的盟友。柳樹有著千年的魔法、傳說和藥用歷史記載，我們能在許多不同文化和土地的故事與藥草舖裡發現她的蹤跡；她也時常和月亮、女神以及女巫的神話編織在一起。

藥草特性

- 鎮痛（緩解疼痛）、消炎：關節炎、頭痛和痙攣的超級好夥伴，對任何肌肉骨骼系統的疼痛和傷害都有幫助，包括關節發炎。
- 教導我們物理上和靈性上都像她的枝條一樣：有彈性，能夠彎曲但不會折斷。
- 退燒、殺菌：感冒和發燒的良藥。
- 苦味健味劑：支援新陳代謝和消化。
- 收斂：局部使用或內用對清潔和緊緻肌膚很有幫助。

植物靈療癒

　　柳樹是一個強大、深邃、女性又玄祕的植物靈，能夠洗去情緒上的緊繃、卡住的能量、傷痛和哀傷。呼喚她時，會感到身體開始放鬆、變得柔軟，像置身在柳樹擁抱的搖籃中。在那裡，一條溫柔的溪流把我們的心和靈魂洗滌一淨，向我們內在的神祕與夢那些深層的部分唱著歌。她能教導我們如何更深地去愛，如何進入深層的當下以及其他世界。她是治療師也是嚮導，跟她冥想讓我們有機會請她給我們關於關係與人生的指引。她提醒著我們每個死都會導向新生，而雖然她在秋天進入休眠，但依舊能在深層時間、在空無中感到她的存在。她能夠帶我們到那裡，幫助我們駕馭再生的潮流，教導我們在生命的長河上，帶著優雅、韌性和智慧流動。她也編織社群，在其生態系統中支持其他植物，提醒著我們永遠不是一個人。

最愛用途

- 新鮮或乾燥柳葉茶。
- 在自然中和柳樹冥想，請求指引、禱告。
- 治療疼痛和發炎的酊劑。
- 編織柳枝籃。

接骨木 *Elder*

拉丁學名：*Sambucus nigra, Sambucus canadensis*
植物科名：五福花科

　　接骨木是有許多樹幹的樹木或灌木，許多不同品種遍布全球，生長在森林、原野，甚至土壤狀態被侵擾的都市區域。夏天的時候，接骨木戴著數以千計氣味甜美、奶油黃的成簇小花編成的皇冠；這些小花後來會變成一簇一簇小小的黑紫色接骨木漿果，是鳥類和治療師的愛。接骨木和民俗醫藥、魔法和許多土地以及文化的傳說緊密地編織在一起，他在凱爾特和歐洲異教傳統中把持著前往精靈世界的門路。他的葉子有毒性，花和漿果可以入藥，而木材具有魔力，能製成魔杖、儀式掃帚；美洲原住民邱馬什人（Chumash）把他做成敲擊棍棒樂器。

藥草特性

- 孩童的好朋友，用於發燒和身體不適；發汗劑。
- 活化免疫系統；用來預防或治療流感、感冒、病毒和呼吸道感染的超級良藥，效果驚人。
- 放鬆組織、有輕微抗痙攣的效果，安撫消化過程。

植物靈療癒

　　用來預防感冒時，我可以輕鬆喝下一夸脫的接骨木花藥草茶沒有問題；但當我和接骨木花茶冥想時，只要嚐幾口，我就會強烈感到植物靈進入，有時我甚至會因為這位植物靈帶進土地和身體的大量宇宙和天界能量而感到噁心。在他身上能夠感受到閃電之靈；上層世界的能量透過他抵達地上人間。我可以明白為什麼在魔法上和薩滿信仰中，接骨木被用來建立和仙境之間的橋梁。我也發現這位植物靈非常有保護性，驅逐負面能量非常有用，也能保護治療師、孩童或任何希望尋求高層領域幫助之人的氣場。我常常送接骨木花給媽媽和寶寶，讓他們一起泡澡——接骨木很愛小孩；接骨木之靈也能供養他們的守護天使。

最愛用途

- 接骨木花或接骨木漿果茶。
- 免疫香甜酒和糖漿（見168頁配方）。
- 接骨木花香檳。
- 接骨木花淨水和儀式藥浴。
- 在自然野外做植物靈冥想。
- 用筆直的根出條和新枝製成魔法掃帚和魔杖。

西番蓮（百香果花）*Passionflower*

拉丁學名：*Passiflora incarnata*

植物科名：西番蓮科（百香果花家族）

西番蓮是種美麗的藤蔓，有著環繞的卷鬚、宇宙星體一般的花朵、深深突出的葉，和可食用的果實。原生於美國南方（維吉尼亞、德克薩斯和田納西）以及中南美洲，目前在歐洲廣被種植，尤其義大利，在北美洲其他地方也是。西番蓮的藤蔓、葉和花都可入藥，還有美味又富含維他命 C 和抗氧化成分的果實。

藥草特性

- 美洲原住民，包括阿茲特克人，最先食用西番蓮果實，並把藤蔓作為鎮定劑使用，治療失眠與焦慮；殖民者後來把這棵植物帶回西班牙，她就在那裡被納入歐洲藥草。
- 安神、輕度鎮靜：用來治療失眠、焦慮、緊張和身體緊繃的藥草，備受讚譽。
- 輕度催情、抗憂鬱：能夠打開心輪和生殖輪。
- 意識狀態轉換植物：冥想、藝術、創造力還有作夢的好夥伴。

植物靈療癒

西番蓮可以放鬆心靈和身體，打開心扉，把我們帶往天界，如同她向天空攀升的藤蔓，還有頂輪一般旋轉的花朵。這棵植物的靈讓我們和自愛、自信還有美連結。她也能治癒太陽神經叢，安撫焦慮、跟自己的負面對話和對感官愉悅的恐懼。她常常以充滿魔力、能變換型態的女性神靈的樣子來到我面前，她能打開第三眼，帶領我們踏上薩滿靈魂之旅——對重拾一個人的創造力和心相關的事物尤其有幫助。

最愛用途

- 新鮮或乾燥西番蓮茶，用來在晚間放鬆、幫助藝術創作還有進入夢的時間。
- 和茶冥想，請求指引、禱告、薩滿之旅
- 花精。
- 緩解焦慮與失眠的酊劑。
- 默觀她難以置信、彷彿來自異界的花朵。
- 設計花園時，我會把她種植在棚架上，來創造涼蔭、美，還有供給充足藥草和食物。
- 她的果實用在飲料和甜點中都非常美味。

椵樹、椵樹花 *Linden, Lime Flower*

拉丁學名：*Tilia x europaea*

植物科名：椵樹科／錦葵科（椵樹家族）

椵樹是一種落葉的老祖母樹，能生長到 100 英尺高（30.5 公尺）。她有著灰色光滑的樹皮、心型的葉子，以及成串的淡黃色小花，聞起來像蜂蜜與茉莉，夏天滴淌著花蜜，圍繞著成群的蜜蜂。椵樹生長於溫帶北半球，歐洲、北美洲和亞洲的野外以及市區，自古就被用於民俗藥草中。

草本藥用特性

- 安神、抗痙攣、消炎：安撫身心、肌骨系統還有心臟組織裡的的焦慮、壓力還有緊繃；能夠打開心輪，滋養並安定我們的根，並為體內的風元素帶來平衡。
- 發汗劑：用於治療發燒與感冒，對孩童和年長者都很安全。
- 輕度祛痰：打開呼吸和肺部
- 為心帶來平靜與滋養：它能降低血壓、緩解心中、肚子裡、思惟上的焦慮，或舒緩任何貯存著焦慮的地方。
- 溫和淨化：幫助消化、安撫腸胃

植物靈療癒

椵樹是我親愛的祖母。啜飲著她，並呼喚她時，我們馬上會感受到身心靈都放鬆了下來，投入最神聖、最慈愛、甜蜜、踏實的祖母懷裡。我們可以在那裡哭泣、釋放、休息還有禱告。椵樹是一棵充滿魔法的樹，織著傳說與故事的古老經緯，她常常被認為是神聖的，並能抵禦邪靈。基督教中，椵樹屬於有福的貞女；在波蘭，許多聖母瑪利亞的神龕都被掛在她的樹幹上。感覺要失去一切的時候；感覺自己處在絕望、心碎、哀慟的時候，便呼喚甜蜜的椵樹接住你、治癒你。任何你想和聖母還有最高頻的女性之愛的能量連結時，就喝點椵樹，跟她冥想。她很適合需要母親般照顧的人，還有常在照顧他人、不斷付出，而可以來點承接和休息的人：她對這些人都非常療癒。她也能打開心、第三眼和頂輪，能協助向逝去的人祈禱。椵樹教導了我能量醫療（vibrational medicine）和治癒頻率相關的智慧。她曾經告訴過我：我們都像木製的弦樂器，而生命會流過我們的身體，彈奏我們，創造出聲音的振波。每天為我們的樂器調音是我們的責任，這樣當人生用意想不到的方式發生時，我們還是能創造和諧頻率和療癒的歌曲。她讓我看見，跟她的茶湯冥想來開啟每一天，就是將我們的樂器和心向無條件的愛調音的一種方式。

最愛用途

- 隔夜熱泡茶，隔天冷飲（可經常飲用）。
- 用來釋放緊繃、放鬆，讓心變得柔軟。
- 協助和戀人或朋友交心的溝通。
- 幫助連結祖先、指導靈和天使。
- 哀悼的功課、治療心碎、釋放的儀式與冥想。

西方之門書寫提示

反思你內在的水元素。

水元素平衡時：

- 感受到療癒的發生——不是逃離痛苦和情緒，而是像進入一道道門一樣進入其中，帶著冷靜的智慧和踏實的信任，相信自己有能力承接與照顧自己（健康的土元素）。明白藥就在傷口裡。
- 深沉的直覺、心靈感知能力、使身體有感的指引和體悟。
- 薩滿實踐、靈魂之旅、占卜工具、智慧、深邃。
- 共感力與慈悲；帶來療癒而無條件的愛（所有元素都達到平衡）。
- 創造力、優雅、有藝術感的移動、舞蹈。
- 彈性，以及隨流而仍然能夠安居在自我的核心。
- 健康的界線，自愛、自我照顧（和土與火平衡）。

水元素失衡時：

- 過於情緒化（一般需要更多的土或火）。
- 飄移不定、不明確、不一致；缺乏方向（需要更多土或火）。
- 組織粗糙、液體和氣的流失，例如產後狀態（需要更多土或水）。
- 組織乾燥、物理上或情緒上敏感脆弱（需要更多水）。
- 過動、心神不寧、過度渴望控制（需要更多水）。

可以在你的手札中反思如何滋養你的內在智慧女人：

- 你可以為什麼事物帶來更多死亡，好讓更多新生命在接下來的月分被創造出來？
- 有什麼已經死去，並且需要被釋放？
- 怎麼樣能讓你的負擔減輕？
- 你可以用什麼樣的方式煉化勞動後的果實，把腳步放得夠慢，讓自己能好好品嚐來自你所創造的事物的贈禮？在接下來的月分，無為的時刻，它們能夠怎麼樣餵養你？
- 你可以怎麼樣為冬天做準備？
- 哪些角色和職責是你可以放下的？
- 哪些事物能喚醒你的感官愉悅、創造力和想像？
- 你的雙手想要什麼？它們想創造些什麼嗎？
- 有什麼自我照顧的儀式，能把你帶往更深的幸福，助你進入自我修復的狀態？
- 哪些創作計畫讓你感到滋潤，在把生產或「做」的期待放慢下來時，能夠成為你的優先？
- 怎麼樣能夠「做」得更少、單純「存在」得更多？

第7章

大地魔法與冬天的藥
釋放與休息：夢與無｜北方·地·老嫗

北方之門一瞥

元素：地

時辰：夜晚｜晚上十點到凌晨四點

月相：黑月

陽曆季節：冬天｜十二月、一月、二月

大地聖日：耶魯（Yule，冬至）｜十二月二十至二十三日；聖燭節（Imbolc）｜二月二日

生命之輪原型：老婦｜六十四歲以上

能量：蟄眠、靜止、空、老巫婆、隱士、孤寂、異世界、無為、復原、休息

療癒藥草：
安神與鎮靜藥草　蛇麻花、卡瓦卡瓦、藍馬鞭
滋補、智慧與長壽藥草　靈芝、刺五加、白樺蓉、雷公根、印度人參、聖羅勒
開啟第三眼的藥草、夢境藥草　艾草、藍睡蓮、西蕃蓮
藥用蕈菇　靈芝、白樺蓉、猴頭菇、雲芝、香菇、舞菇

花園照料：花園在覆土作物或覆蓋物下沉睡

藥草櫃：踏上薩滿靈魂之旅，詢問現在哪些藥想被炮製出來；冬天通常是使用乾燥藥草製作提升免疫力、預防感染的藥草的時候，或用雙重提煉法萃取藥用蘑菇

儀式：休息、睡眠、薩滿之旅的儀式；打鼓、藝術創作、書寫、閱讀、照料火光的儀式，如果需要，可以使用南方之門的儀式來讓內在的火持續燃燒——做愛、可可的藥、鑽木取火

Gaia speaks

蓋亞說……　　　　溶解於我。
　　　　　　　　讓你的骨吐出最後一口氣，落入地下的腐朽。
噓……　　　　　讓你的思緒澄灑如墨，於夜晚的天空。

冬天了。黑暗。　　與偉大的奧祕合而為一。

靜靜待著。　　　　在融合的時刻，
寂靜。　　　　　巨大的夢境會進入你網子的絲線中。
聽。

雪喓喓喃喃　　　　當你醒來的時候，
而我們夢著，　　你會懷有那偉大的歌　祂輕哼著
冬眠於大地之母肉身的皺褶裡。　在你所有的細胞裡、在他們之間的縫隙。

找到你的洞穴。　　在你所有隱密的地方。
走進那門扉。　　原初的聲響，
　　　　　　　　你是樂器，
　　　　　　　　調好了音
黑月　　　和創造的歌共鳴。
像子宮，
豐饒的空。　　　哼著我哼著的哼
　　　　　　　　屬於深邃的時間。
萬物從那裡來　　不屬於時間。
也將回歸她的黑暗　沒了時間。
死去、再次出生　休息。
一次又一次。

此刻，我們佇足
在吸氣和吐氣之間，
生命與死亡之間。

空
無
新生的
深沉的夢

溶解

為了重生，好好安息，黑暗的老嫗

冬天到了。天色很黑。這不是勞作的時刻。這是作夢的時刻、讓我們意識融化於肥沃空無的時刻，所有生命源於彼處，也終將歸於彼處。這就是新生：透過停下你在做的一切，讓自己深深掉進「一」，與所有存在一起。這是呼吸之間的空白；這是懸宕；這是深層睡眠，當我們融進蓋亞的夢，醒來的時候不記得發生了什麼。從那個時間，我們再次起身，獲得新生。然而新生本身也是奧祕的一部分；要進入空無，我們必須願意讓自己全然消亡，把自己獻給未知的領域。讓我們的意識跟黑月還有星空合為一體。讓我們的身體掉進冬眠動物的休息，牠們在洞穴、夾層，在大地之母的肉身裡沉睡。當我們在一切未知的廣大面前頂禮，帶著謙卑，這樣我們才能變得有智慧、變得完整。

現在是老嫗的時間。這個老巫婆——時間和經驗在她臉上留下皺紋，眼中有魔法的星光——一隻腳已經踏入另一個世界了；她充滿野性、兇猛，卻也有著深深的愛和尊嚴。她不在乎融入社會，跨出了人類的領域之外和現世的侷限。牽引著她的是宇宙星系的螺旋、黑暗中的夢境、旋繞在骨頭上的歌謠。她沒有在尋找戀人或陪伴；生兒育女和建築事物的日子已經過去了。她屬於融化消弭的時間，她的心靈在她的沙鈴裡。她是玄祕主義者。她是隱者。在健全的社會裡，會有人尊敬並照顧她，帶給她食物、尋求她的指引、在她的智慧前謙卑、清掃她的門廊、溫暖她的身體和骨，讓她能來去自如，帶著肉身，或靈魂出體。一個健全的文化會給她空間，

允許她「發瘋」、允許她被誤解。那些搖曳的光輝一般的洞察，是我們能在她的話語中蒐集起來的一串珍珠，而每顆珍珠間天鵝絨的黑暗也有種同等的價值，即使我們永遠也無法捕捉或者理解。「不明白」也有它的位置——彼處，我們學習在偉大的神祕面前行禮。

在夜晚黑暗的時刻、在睡眠的最深處，我們進入了老嫗的時間。每個月的黑月時期、每年冬天黑夜最長的日子，我們走進了這道門。經血落下，連結到黑月時，我們也處在老嫗這個面向——這是我們靈能力最強的時候，同時處在不同的世界之間。如果我們能在這個時候放下俗世，保持身體溫暖、門階有人清掃，就能進入神祕的領域旅行，哺育內在老嫗，即

使我們在線性時間裡的年紀還很年輕、還有月經。跟整體的所有面向都建立關係是很有價值的一件事,其中也包括我們的內在老巫婆。儘管黑暗與空無意識的門廊是最隱密,也最受到恐懼與排斥的,生命的第一枚星火卻就是從這片肥沃的空無閃現的。沒有死亡,就沒有生命。

「在死前先經驗死亡」,先知穆罕默德如是說。在北方之門,我們學習如何死去。在這裡,我們消弭於無形。在這裡,

透過發現自己根本什麼也不知道,我們變得有智慧。我們也練習並變得更能臣服、交出自己、在偉大的神祕面前行禮、放下控制、死去,一次又一次。

　　為了重生,好好安息,
　　黑暗的老嫗。

進入北方之門

　　北方之門是黑暗的空無，自然的能量穿越這道門，在肥沃的黑暗中澈底釋放，然後重生、湧現。這是一個「之間」的神祕時刻：呼吸之間的停頓、月亮的消亡、一年之中最長的夜晚、我們死去前經歷的死亡，以及我們身體最終的死亡，最後的這場死亡會將我們的能量和靈魂釋放，而那是怎麼發生的，沒有任何人完全明白。

　　在陽曆的一年之中，冬季把我們連結到北方之門的能量，在北半球橫跨十二月、一月和二月，其間冬至（十二月二十到二十三日）標記了冬天正式的開始。冬至有著一年中最長的夜晚，是黑暗的大門，許多不同文化都有在這個時候祈求太陽重生的習俗。在我們的生命之輪上，北方對應到了老嫗的原型——老巫婆、隱士和玄祕主義者。

　　在秋天釋放了俗世的義務和線性時間的勞作之後，我們來到了冬天，輕盈了許多，也更加流動，因而能夠融入空無的意識裡，和偉大的神祕結合。我們唯一的工作就是解開一切束縛，讓自己可以投入修復身心的休息與深層睡眠。我們在那裡進入最慢的腦波區間，細胞能得到換新，身體機能也變得和諧。

　　精神上，在這個深層休息的狀態下，我們把自我意識和個體自我的分離感融化在肥沃的黑暗之中。和豐饒的空無合一的時刻，某些神祕而無比神奇的事會發生：我們會懷上蓋亞的夢。跟空無意識結合之後，我們會開始漸漸甦醒，找回自己的能量，再次劃清自我的疆界。只是這次偉大

奧祕的一部分留在了我們體內——蓋亞正孕育為存在之夢的能量印記。這個夢變成了一粒種子。隨著流年的能量再次開始走向充盈，我們的旅程也來到了聖燭節第一瓣火花出現的時刻，這個時候常常會有種奇妙的感覺，呼應著意識到自己懷上孩子那樣經歷的感受。當一個女人生理上意識到自己懷孕了，她會在那樣的感受中陶醉歡欣，而不會開始預期孩子會成為什麼樣的人——要知道還太早了。在我們這個情況下，我們則會在靈魂中懷上一粒種子，它將透過自我獨一無二的火焰成長、綻放成春天的創造，結成夏天的贈禮，經由我們，獻給世界。預想什麼會誕生還太早了；這是驚嘆內在正醞釀著的事物的時候，明白它來自人類心靈的建構之外。把自己融化在冬季之門裡，允許我們更好地讓創造誕生在這個世上，也更好地駕馭再生的浪潮，這樣能讓我們做得比任何渺小人性所能算計出來的事物都還要好。在那些極度無意識和神祕滿溢的地方，隨著明亮的月漸盈，我們汲取透過我們漸強的能量浪潮，跟著春天的樹液升起，和蘋果樹一起生成花苞。

193

在每個夜晚進入北方之門

在一天二十四小時的輪盤上，北方對應到了夜晚和睡眠的最佳時段，大約是從晚間十點到凌晨四點。西方之門的陰性能量帶領我們進入夜晚深深修復身心的休息。

如果我們在和諧平衡之中通過西方之門，就能毫不費力滑進北方之門。我們在傍晚入夜使用的安神藥草，幫助解除白晝的繁忙為我們的心靈和神經帶來的緊繃，幫助我們放鬆，獲得更深層的睡眠。更高劑量的安神藥草或使用鎮靜藥草，對失眠或淺眠很有幫助。另一方面而言，如果我們不在西方之門的入夜時段放鬆下來，而是持續工作到睡前，就很可能「翻車」，然後在半夜醒來。北方之門的藥就是修復身心的睡眠，我們的身體在這樣的睡眠中療癒、分泌人體成長激素、再生，然後重新找回平衡。

幫助你進入深層睡眠的夜晚儀式

- 睡前喝一杯安神或鎮靜茶，或卡瓦銷魂水（見165頁）。
- 睡前洗個熱水澡。
- 按摩。
- 冥想、禱告，或進行薩滿之旅。
- 排除房間中的光害，如果需要可以使用全遮光窗簾。
- 關閉房間中的電子設備。
- 睡前至少三十分鐘（理想情況是兩小時）避免暴露在螢幕前。
- 使用減少螢幕藍光的應用程式。
- 使用幫助睡眠的芳香療法，例如薰衣草枕、洋甘菊，或在房間裡進行煙薰儀式（見31到33頁）。
- 在床頭使用鹽燈。
- 在燭光下進行你的夜間儀式。

和黑月一起休息

那壯麗的庇護在你之中。

進入吧！

打破覆蓋著門廊的黑暗。

帶著膽量和謙卑。

收起薰香，然後忘記

他們教你的那些咒歌。

不要向任何權威請求允許。

閉上眼睛，跟著你的呼吸

前往那靜止的地方，復又導向那

不可見的道路，帶你回家。

——聖女大德蘭（St. Theresa of Avila）

　　黑月的時刻對應到了真正的北方，還有冬至這一年中最長的夜晚。在月亮週期中，黑月前後的幾天都有把我們帶往這道門的能量。然而，真的只有在黑月這唯一一個晚上，靈性上和能量上跟肥沃的黑暗結合的效果最強。

　　對有月經的女人來說，月經週期的第一天就是對應黑月，月經來潮的日子就是她的冬天和休息的時間。根據一支數千年之久的中醫傳統，女人月經來的時候真的應該好好休息四天，而且最好是待在床上休息，喝熱茶和煲湯。現代女人要成功做到很困難，但這卻是治療荷爾蒙不平衡最古老也最有效的策略之一，能夠縮短流血的時長，減少未來經期的痙攣和經前症候群（PMS）。這是幫助我們和身體的再生能力同步的工具，效果拔群。開始這麼做的

女人在月經結束後，會感覺重生、煥然一新，煥發新春一般的能量。有些人持續這樣休養，然後回報有生理和能量上顯著的再生發生——感覺和看起來都更年輕了！

　　雖然這個傳統很容易被視為不切實際，我強烈建議你把侷限的信念丟到轉化的大鍋裡煮掉，然後實際試試看。我一個很好的朋友做了，但跟她長得一模一樣的雙胞胎姊妹認為不可能做到，由於現代生活的種種要求。我的朋友用秋天之門來準備她月經來臨的冬天——煲湯、安排小孩的遊戲約會和請保母，讓自己能有獨處的時間，同時取消各種約會，讓她能好好在家待在床上。幾個月之後，她發現不僅在她經期的每個春天能有巨大的能量，人們甚至開始覺得她比她的雙胞胎姊妹還要年輕。

這個古老傳統在生理、情緒和靈性上的再生功效無可否定。現在她們倆都把月經來時休息四天當作優先了。

有月經的女人會在她經期期間和月亮週期的黑月，連結到冬季之門；如果她的經期跟月亮週期不同步，她每個月會連結到冬之門兩次。然而，一當女人開始使用藥草、儀式，還有選擇不同的生活方式來順應自然的再生潮流，她也會開始在滿月或黑月來潮。有人說在黑月有月經代表你處在人生的「母親時期」，月經在滿月來代表你處於「女祭司時期」。很多女人會在黑月或滿月迎來月經，然後根據她們個人或創作生活的能量形式，還有發生的變化，每個月互相轉換。

你的身體、生命和你跟自然的關聯之間，形成了神奇的煉金術；追蹤你的經期，還有在月經期間你的感覺，就是直接向它們學習的絕佳方法。我們每個人都是獨一無二的存在，持續經歷著蛻變。當我們在流年之輪上循環、旋舞，卻永遠不會回到一模一樣的地方，因為有時間這個第三度空間，從自身的經驗學習，能幫助我們更有意識地繼續旅行。

對於沒有月經的人，跟黑月一起休息，採納這道門的儀式，也能讓你進入世界間帷幕稀薄的魔法能量之中。那是一個很有靈力的時候，進行占卜、薩滿之旅、冥想，還有在豐饒的空無中找到靈性的新生都很理想。

在新月休息的做法，也能延伸到我們的花園。在生態動力農耕中，新月時不進行任何園藝活動；這一天被認為是休息的日子，是在土地中培養再生非常重要的實踐。

讓經血流進大地

我們整全而神聖的身體會流下神聖的血液。我們身為女巫,取回我們工具的同時,也找回了身體的神聖性,它是把我們聯繫到神聖的偉大載體。其中一部分意味著療癒我們個人與集體,關於月經的創傷。漫長的歲月以來,很多故事被編造出來,述說女人經血的「不潔」,但事實上一我們的血之奧祕是龐大的力量來源。我們的經期像月亮一樣移動,以二十八天為週期。流血的時候,我們也在蛻下舊的自己。

盡可能讓經血流到大地裡吧!各位姊妹。目前的現實是讓月經流進經過漂白、充滿化學物質的衛生棉或棉條裡;讓我們改變現狀,把經血蒐集在月亮杯裡、海綿、布料或月經褲裡,然後擠在一碗水中稀釋,把它獻給植物和泥土。你的血液可以成為富含礦物質、很棒的植物食物。我們有能力把自己獻給大地。我聽過一些傳說:大地需要血來保持平衡——身為園藝師,我明白這點——而當女人重新開始把自己的血還給大地,就能找回平衡,男人也會停止在戰爭中灑下鮮血。這或許是個傳說,但也可以是個編織進偉大神祕的真實。無論如何一定有嘗試的價值。就神聖本身而言,可以深深感受到這道儀式當中的魔法。

聖燭節的第一枚星火: 在蓋亞深邃夢境的空無之中受孕

四分十季聖日中的聖燭節(二月一日或二日),被當作冬至和春分之間的中點慶祝。這一天標記了內在火焰的初次胎動;聖燭節將我們連結到身處黑暗的豐饒空無中的種子。這粒種子會在春天發芽成長一新的創造、計畫和夢境會在那個時候通過我們爆發。聖燭節時,要知道它們會用怎麼樣的形式誕生還太早了。然而,我們已經開始感覺到有些什麼要來了,和存在於我們內部的種子的靈魂連結了起來。這是這份能量的開始,隨著我們重生,開始乘上漸盈的能量潮流進入春季之門,它會繼續成長、花開並蒂。

老嫗原型

老嫗是隱者、老巫婆、洞穴裡的孤獨老狼。她可能是瘋了或開悟了——我們無從知曉。她就像芭芭雅嘎（Baba Yaga）一樣；她一個人生活，很多人都怕她；但她也是我們在黑暗中迷路時，會去找的那個人。她是跟空無住得最近的人，所以老嫗和新生兒之間有很多神祕的相似處。在很多傳統文化中，耆老跟新生兒會長時間相處在一起。今天，研究也顯示這樣的關係對雙方都非常有益。

在我們的現代文化中，我們的生命延長了，也因此這道門蘊含了更多樣的經驗。很多人七十幾歲依然年輕得難以置信，也還在社群中參與；很多人甚至還在工作。

操作原型時，我們真實的年齡並不重要。為了練習融入空無意識中，我們進入北方之門；為了重生，我們把時間留給自己；為了在所有領域和世界中成長與療癒，我們用薩滿儀式踏上旅程，前往神祕。

我們的文化推行永恆的夏日和勞動，老嫗在流年之輪上落在母親原型的對點，她能為這樣的文化帶來平衡。在解放、鬆綁、投入更深的地方，還有將自我融進豐饒空無天鵝絨的皺褶這些領域中，我們有很多工作要做。

我們從那裡來，也將回歸那裡。我們越是不害怕老嫗，我們對黑暗的門界就越是熟悉，也越能讓自己跟我們的世界再生。

北方的大地之藥：進入空無與修復身心的休息

一如整個自然陷入沉睡、融入冬天新生的黑暗之中，你一樣也可以請植物幫助你前往其他領域，進入修復身心的深層睡眠。

我們在秋天開始做的事，讓我們得以進入空無意識和新生之門。當一年的能量在秋天漸虧時，我們所使用的改變意識的藥草和安神藥草，都能幫助釋放夏季世俗的勞動，讓我們可以輕盈地繼續旅程，向越來越黑暗的月分和冬至前進。我們的冥想修煉深化了，而平靜下來的能力也讓我們為老嫗智慧的年歲做好準備。在冬天的月分裡，我們會持續尋求安神和鎮靜藥草的幫助，為神經系統帶來寂靜。透過持續進入冥想狀態，我們可以學習成為自己神經系統的主宰；而身為巫者和人類，那就是我們找到最大力量的地方。我們不會再對自己的情緒和情緒觸發點無意識地做出反應，而是學習用更寬闊的視野觀照自己的神經系統，將它們視為連結與溝通的機制，而不是讓它們成為生命的主宰。請安神藥草為神經系統帶來平衡，還有深化冥想的同時，我們也請適應元藥草強化神經系統。

適應元（Adaptogens）是我們星球上滋補藥草中最古老的一個種類，是數千年來適應了各種不同生存條件而仍然蓬勃生長的植物。他們很有韌性，非常強韌，而且蘊含深厚的生命力；許多文化最古老的醫藥傳統中都有他們的身影，他們也能讓我們跟這些古老傳統連結在一起。人參、靈芝、白樺蓉、紅景天、刺五加、五味子、蕁麻、雷公根和印度人參等，都是適應元藥草的例子，不同土地上的先人都把他們當作長壽補品使用。這些藥草能幫助我們從容優雅地步入年歲，平衡心智、強化神經系統和心，幫助氣血循環、消化、提升免疫力，照顧身體所有的功能。其中某些藥草，例如靈芝，在中醫裡被視為補「神」藥──能夠提升心神中的智慧。全部這些植物確實都見證過地球上發生的重大改變，也隨著調適演化了；持續不懈請他們幫忙，他們就會讓我們變得更有韌性、更能調適自己。適應元藥草補充我們深層根系的能量，幫助我們獲得更多活力、氣力、精力還有健康。有些適應元是植物的根，有些是蕈菇；兩者都跟大地的黑暗有著緊密的連結，能在旅程上幫助我們往下走，進入神祕的黑暗領域。

藥用蕈菇同時是適應元，也是強大的靈性幫手，可以把我們織回大地和生命之網的靈智之中，還有泥土的神祕之中；在泥土裡，植物就是透過真菌和菌絲網絡溝通和交換能量的。冬天是我最喜歡用來跟靈芝冥想的時候。他最初的安神作用會為我忙碌的人類思緒帶來安靜，讓我的能量

安定下來，幫助進入寂靜、心如止水的冥想狀態。然後我會呼喚靈芝之靈，同時啜飲著藥草茶，開始踏上入神之旅，進入連接著上天與深淵的肥沃黑暗裡。我感到第三眼開啟、心靈變得寬廣，同時氣血循環加強，能量在頭腦中運行。接著我開始帶入意念，開始重設頭腦的迴路，把自己織進宇宙更大的布匹之中。

對我來說，跟植物冥想真的是智慧、開拓心靈和學習的最大泉源。影響精神的植物，例如「神奇蘑菇」、死藤（ayahuasca）、烏羽玉（peyote）、迷幻仙人掌（San Pedro）等，廣泛地被視為植物導師受到尊敬。然而，在智慧女人修復與滋養的醫藥傳統中，我們將所有植物都尊為師。所有植物都能改變我們的意識狀態；畢竟，邀請不同的能量和神靈進入身體、跟自己的精魂連結，就會改變我們，同時連接到連結本身不斷開展的煉金術過程。話雖如此，影響精神的薩滿植物的確聯繫到北方之門，他們能幫助我們離開受到時間和空間律法管轄的三度空間，進入其他領域。如果在神聖空間中，由真正的薩滿和繼承傳統的人在儀式中施用，靈魂的巨大療癒就會發生。

這些植物非常強大：看看當前的科學證據就能知道了，其中顯示微劑量使用蓋菇鹼（psilocybin）能幫助重塑腦神經，對受憂鬱症所苦的人有非常顯著的效果。不過隨著部分致幻植物越來越受歡迎，請注意人們可能用不負責任的方式在分享他們，在這種情況下，有造成嚴重傷害的風險。追求開拓心靈、跨出自己的時候，也請確定自己處在身心安定的狀態。

聖誕老公公曾經是個穿得像致幻蘑菇的薩滿

隨著挖掘我們傳統文化的根，關於一直在執行的儀式和其重要性，我們也會學到更多。聖誕節，基督教慶祝基督誕生的節日，就在冬至之後來臨，在太陽／聖子／神（sun / son / God）獲得新生的時候。很久以前，在北歐的土地上，人們會在小屋裡過冬，盡可能減少活動來保存能量和食物——他們可能會冥想、冬眠、說故事、分享夢境和電視。傳說北歐的薩滿和持有毒蠅傘（學名 *Amanita muscaria*）或飛行蘑菇的人，會乘著他們的麋鹿雪橇旅行，從煙囪爬進小屋中（因為大家都在屋子裡過冬），帶來「聖誕禮物」——致幻蘑菇茶。這種蘑菇自然情況下生長在冷杉樹下，像是我們在聖誕樹下放著的禮物一樣冒出來；冷杉、松樹這樣的常綠樹象徵著永恆的生命。在自然中很少事物有生命跡象的時候，人們會在家裡用常綠植物做裝飾。我聽說過我們裝飾常綠樹木的傳統，來自把紅白蘑菇掛在樹上風乾的行為；持有蘑菇之藥的旅人也會用冷杉裝飾自己，並穿著飛行蘑菇的紅白搭配。或許聖誕老公公和他的飛行麋鹿在黑暗的時刻，曾經把薩滿入神之旅和心靈的啟迪作為禮物帶給人們。

天上如是，如是地下（As Above, so below.）。當我們進入黑月之門、呼吸與呼吸之間的停頓、肥沃的空無，我們就連結到了互為鏡像的大宇宙和小宇宙。如果進行薩滿之旅進入地下世界，或許通過和某種蘑菇冥想，例如靈芝，我們最後大多會抵達天上的領域——群星閃爍之地、上部脈輪通往的不可見的溝通網絡。天上和地下是連結在一起的，一如吸氣和吐氣，還有自然大化漸虧的能量和她漸盈的重生。

老嫗以薩滿之道旅行，在其他世界採集藥石、進行治療，同時也在夢境之外的領域、沒有意識的地方，得到更多深層、修復身心的休息以達到平衡。冬天冬眠的動物反映了冬天的藥，我們也使用鎮靜藥草來進入深度睡眠。人類最緩慢的腦波落在 delta 的範圍，介於 0.5 到 4 赫茲之間；成年人要達到這些腦波段有時候很困難——多數人在清醒狀態下幾乎不可能，而在睡夢中，如果睡眠被干擾或淺眠，還是很不容易。這些是最有再生力量的腦波，對應到身體的修復和自癒力，還有生長荷爾蒙的產生。鎮靜藥草，例如蛇麻花、纈草、卡瓦卡瓦和罌粟，都能幫助我們進入深度睡眠狀態，讓我們的身體可以治療、恢復健康的機能；我們也會從那裡甦醒，得到新生。

冬季配方
與
藥草調配

祝福藥草
Blessing Herbs

　　冬天是把祝福藥草織進你藥草櫃的完美時機；寒冷的冬天會強化常綠樹木的芳香精油成分，而我們的靈魂也會隨著聖煙踏上旅程，進入夜晚的黑暗之中。在新月燃燒祝福藥草的魔力也特別強，能幫助我們進入北方之門。閱讀31到33頁祝福藥草和聖煙的相關知識，並在冬天採集在地的常綠松針吧！

　　這個季節，圓柏、雪松和松樹的芳香藥性達到了巔峰。你可能會在松果上找到松脂；如果你住的地區不是會下雪的氣候，可以在常綠樹木的根部尋找，用指尖撫過樹根附近的土地，很可能就會發現小小的樹脂淚滴，可以把他們蒐集起來，放在木炭上焚燒。絕對不要直接從樹上採收樹脂，因為他們是樹木用來保護和治療傷口的。

松樹油
Pine Oil

　　松樹油是多麼充滿魔力的藥草油啊！很容易做出充沛的量，而且無限美好。每次我聞到松樹油，就想到薩姬・莫芮，是她教了我怎麼做松樹油；她從她的土地萃取出美麗的松樹油，然後大量加入熱水浴裡——她是個常綠樹女王！加了松樹油的熱水浴不僅能深層放鬆、安定身心，還能打開心輪和呼吸系統，平靜心靈，讓我們回到一顆開放的心——我們的中心；也非常適合著涼、感冒身體不適使用。

　　在一個大罐子中加入松針，可以用剪刀把松針修成1–2吋（2.5到5公分）長，讓精油釋放出來，或把他們放進攪拌機裡，倒滿橄欖油攪拌，然後再倒入罐中。橄欖油是很棒的油，偏濃稠，能深層穿透滋養肌膚，同時也不貴，所以可以多做一點經常使用。讓松樹油浸泡八個月或更久，每隔一段時間就搖一搖罐子，最後過濾。可以用來當按摩油、足油，或倒進熱水浴裡，帶來極致的享受。

甜美夢境茶
Sweet Dreams Tea

這道茶超級放鬆，是我幫一名有失眠困擾的女人創造的配方。其中含有幫助一覺到天亮的鎮靜藥草、平靜心靈的安神藥草，還有安撫心與靈魂的植物。甜菊葉和甘草根帶來怡人的芳香甜味，卻不會有甜菊萃取液常有的人工添加物氣味。

成品：2 $1/4$ 杯（164g）

3 大匙（13.5g）蛇麻花

2 大匙（4g）檸檬香蜂草

3 大匙（15g）西蕃蓮藤

3 大匙（5g）椴樹花葉

2 大匙（4g）益母草

2 大匙（24g）甘草根

3 大匙（17g）燕麥稈

2 大匙（14g）刺五加根

3 大匙（14g）洋甘菊花

2 大匙（15g）纈草根

3 大匙（14g）加利福尼亞罌粟

3 大匙（14g）美黃芩

2 大匙（3g）聖羅勒

2 大匙（7g）甜菊葉

1. 在碗中把所有藥草混合均勻，然後移到罐子裡貯存。每次使用一把，放入加有 1 夸脫熱水的罐子裡，浸泡二十分鐘或更久，也可以使用濾茶器。每晚沖泡飲用，它會帶領你進入甜美的夢鄉。

「美好扎根我崛起」茶
Sweetly Rooted I Rise Tea

這道茶方汲取了藥草根安定、滋養、適應元的性質，類似可以在春天之門找到的「甜蜜、火辣、生命、復活茶」。這個配方更加安神，比較沒那麼振奮，帶有更強的下沉能量，因為有藥草根和淋巴淨化藥草。這道茶可以幫助滋養冬天深層的根系，同時溫暖我們到心裡、到骨子裡，讓我們安定下來，為神經系統帶來平靜。

有時候冬天的能量已經有著夠強的下沉引力了；如果你需要使用一些更活化氣血、振奮精神的藥草，來平衡冬天之門的緩慢和深邃，建議喝更辛辣一點的春天版本。那個版本也能幫助消化，有時在冬季月分，消化作用容易停滯下來，變得太過緩慢。詢問自己的身體，什麼感覺起來最滋養？

成品： $1/2$ 杯（50g）

1 大匙（7g）刺五加根

1 大匙（7g）牛蒡根

1 大匙（7g）蒲公英根

2 大匙（14g）黃耆根

1 大匙（7g）蜀葵根

1 大匙（3.75g）錫蘭肉桂碎

1/4 茶匙（2g）甘草根

1/4 茶匙（2g）薑（可省略）

1. 混合所有材料，貯藏在密封容器中。
2. 每一把藥草茶兌 1 夸脫（946ml）的水沖泡。可以製作隔夜藥草茶，或在爐子上加蓋小火煎煮至少三十分鐘。依需要加入更多的水。

花園裡，大地上

大自然在沉睡。植物枯萎，回歸土地。他們的生命力回到了根部，在黑暗、作著夢的大地裡。雪是覆蓋他們的毛毯，而他們全都抵達了靜止的時刻，意識融化在寂靜的歌裡，那屬於冬天、輕輕哼唱著的菌絲體、屬於冰凍的靜止的歌。這道門是呼吸與呼吸之間的停頓，新生來自此地。

讓你的花園休息。如果你居住的地區屬於降雪氣候，為冬天做好準備，幫助花園入睡。在秋天，先把死去的枝枒剪除；冬天來臨時，你可以用覆蓋物、落葉或覆土作物覆蓋泥土，保護大地和地下的生命。

沉浸荒野裡寂靜的歌、夢哼著的曲子。穿著雪鞋，你可以行走在灌木和枝枒夢境的水面上；跟隨直覺，引導自己走在樹與樹之間的路徑，那些當土地旺盛生長、樹木翁鬱時你沒辦法穿越的地方。選擇你想要走的路，或不存在的路，就這樣體現崇高老嫗至尊的動作。這是探索未知領域的時刻，無論內在或外在於自己。

在不會降雪的氣候下，學習去愛死亡的模樣。也許荒野呈現乾燥的棕色；也許天氣潮濕多雨。在行走的冥思裡，練習孤獨，把愛的觀照投放在作夢的大地上。像一個老嫗會是多麼的自由呢？不再執著於為他人展現出美好的一面。隨著旅程中蓋亞的注意力進入根與地下黑暗領域的奧祕裡，在死去的事物中找到美，在不被打理的荒野、在那些被遺落的地方。

在秋冬兩個季節，大地的能量往內部走，植物把能量收回根部，進入休眠狀態，或死去。這是我們星球吸氣的時刻，反映在每天二十四小時循環的晚間。吸氣的能量適合修剪、餵養土壤，還有施灑堆肥。而透過黑月進入北方之門的時刻到來時，我們就讓花園好好休息。

當我死時，讓我化為大地最可口的
星宇肥料！
我在我的骨骼中看見星星，
回歸她小宇宙土壤血肉的黑暗裡。
有一天，我會成為美好的食糧。
此刻，我會繼續消化來自天空和大地的
川流，讓自己變得更加肥美可口。

冬季儀式和自我照顧

冬天是無為的時候——沒有、作為。這對現代人來說可能會非常困難。冬季的儀式和自我照顧很簡單，也留下很充足的空間，讓你可以隨著線性指導的缺乏，進入深層療癒和魔法的非線性領域裡。去發掘什麼能幫助你深度放鬆下來吧！如果資本主義生產力的促迫，讓心中的繩索糾纏在一起，就回到釋放的儀式，跟自我的價值連結。看看在更少的情況下，自己可以走得多深。去發現等待著的神秘和魔法吧！

藥草桑拿　Herbal Sauna

在冬天的寒冷中，桑拿能促進循環，讓我們暖到心裡。如果你有乾桑拿可以使用，不妨考慮帶著芳香植物進入，例如尤加利、松樹、樺木、常綠植物、艾草或迷迭香。或者，可以在大鍋裡熬煮以上植物的枝葉，加蓋防止精油蒸發，製成濃濃的芳香植物茶，然後加在熱水浴裡，跟植物一起泡澡。

聲頻浴　Sound Baths

聲頻浴能夠改變我們的腦波，使其進入 theta 和 delta 腦波區間，這兩個區間都跟深層的意識狀態和修復身心的休息相關。在附近找一家聲頻浴，帶著毯子和眼罩前往。水晶頌缽、音叉和銅鑼發出的頻率都不同，卻都能帶我們進入深層的冥想和放鬆狀態。

喜瑪拉雅玫瑰鹽燈　Pink Himalayan Salt Lamp

我非常推薦在家中使用喜馬拉雅玫瑰鹽燈，尤其在晚上，用來把周遭轉換成休息的環境。電子設備的藍光會干擾褪黑激素和其他睡眠荷爾蒙的分泌，可能導致失眠或淺眠。除了創造溫暖、療癒心靈的美麗燈光，鹽燈還能淨化空氣，中和電磁場輻射，產生負離子，因此增進空氣品質，照顧季節性情緒混亂，提振心情、幫助放鬆也促進睡眠。

當一隻貓　Be a Cat

如果你養貓,可以透過觀察牠的午休來學習什麼是修復身心的休息;觀察牠在落下一道日光的地板上,縱情、滋潤地午睡。當一隻貓,持續好幾個小時。

沉默一天　Observe a Day of Silence

沉默一天。你很可能需要提前幾週定下這一天,依需要安排規劃,也讓身邊親愛的人知道。做個小名牌,上面寫著:「今天我沉默:)」如果有人跟你說話,就對他們微笑,指一指牌子。

起床時一個字也不說,直到再次上床睡覺,一整天都不使用你的聲音。不要回覆訊息、讀寫電子郵件或閱讀。你有那麼做過嗎?我不會告訴你會發生什麼事,但可以跟你說那會是很神奇、啟迪心靈、療癒而且深深修復身心的一件事。

在月光下和黑暗中睡眠
Sleeping with Moonlight and Darkness

人們逐漸意識到深層睡眠對健康還有生產力的重要性,所以你可能會開始在網路上分享看到有人資源教我們一些睡眠「撇步」;如果你有困難保持熟睡,其中一些飲食和生活習慣的建議就很值得遵循。要促進健康睡眠週期,女巫喜歡的方法是在完全黑暗的環境中睡覺,沒有任何電子光線,靠近一扇自然的月光和日出的陽光能灑進的窗。不過,如果住在城市中,我會推薦完全遮光的窗簾。

冬天之門的
藥草

蛇麻花 *Hops*

拉丁學名：*Humulus lupulus*

植物科名：大麻科（大麻家族）

　　蛇麻花是高大的多年生攀藤植物，具黃綠色葇荑花絮，與葉緣呈鋸齒狀的心型葉子；原生於歐洲，但目前也生長在西亞和北美洲。蛇麻花以添加在啤酒中的材料而聞名，其鎮靜的藥效許多世紀以來都與民俗醫藥與傳說密不可分。

藥草特性

* 強效的安神與鎮靜藥草：幫助我們深度放鬆、進入修復性睡眠的好夥伴，能帶來全身的放鬆。
* 抗痙攣：舒緩痙攣，融化身上所有緊繃。
* 芬香苦味藥：幫助消化、治療潰瘍和大腸激躁症。
* 外用可治療皮膚感染。

植物靈療癒

　　蛇麻花有鎮靜的效果，能帶領我們進入深沉的寂靜。我跟蛇麻花冥想時，通常都需要躺下。這種植物允許我們放鬆身體和心靈，讓我們看見自己可能是多麼的疲累。蛇麻花會打開通往深層、不間斷休息的通道，並讓休息成為優先；對於失眠的人、嚴重焦慮或「做個不停」的人，他會是個非常好的朋友。

最愛用途

* 酊劑，用於治療失眠、焦慮或恐慌發作
* 沏茶，加入蜂蜜，幫助睡眠。
* 「甜美夢境茶」的材料之一（見205頁）。

植物檔案

靈芝 *Reishi*

拉丁學名：*Ganoderma lucidum*

植物科名：靈芝科

這種帶有光澤，彷彿上過紅色清漆，呈腎臟狀的扁平多孔菌菇，生長在亞洲和北美森林裡的樹木上和腐朽樹幹上，也被養殖在木材上。他的傘背沒有菌褶，直接從細小的毛孔釋放一般呈乳白色的孢子。他是中藥裡備受讚譽的古老藥草，也是書面記載中最古老的藥用蕈菇之一——歷史可追溯到兩千年以上。他的中文名——靈芝，表示奇蹟似的、神聖、神祕或有效的延年益壽蘑菇。

藥草特性

- 長生藥草、適應元：被視為長生不老藥；強化我們抵抗壓力的能力，增進健康、活力、精力，還有思緒的清晰。
- 養神：發展智慧與精神；被道士用來增進健康和活力，以及促進靈性經驗。
- 調節免疫系統：具有智能與判斷力，有能力平衡反應過度或受到抑制的免疫系統，同時具有抗病毒的性質，因此是照顧慢性病毒感染和 HIV 的好夥伴。
- 抗菌、抗腫瘤特性：輔助癌症治療；和其他癌症療法同時使用能有保護的作用。
- 保護 DNA、富含抗氧化素，消炎。
- 養心、護肝：強化心血管系統，平衡血糖、降低膽固醇。
- 清理身體；平衡心、腦與思維。

植物靈療癒

靈芝屬於蕈類，他將群星和空無意識的魔法帶入黑暗的泥土裡、腐朽堆肥的地方以及作夢的大地。我跟蘑菇冥想的時候，會被帶往不可見的連結網絡，從我的身體出發，往下和大地編織在一起，而我的腦則和寰宇的夜空聯繫。無論我往上或往下旅行，總是會來到宇宙的空無。靈芝之靈把我們織進生命巨網至高的靈智與奧祕之中。在那裡，我們可以冥想，抵達深層的意識狀態，同時讓物質身體接受植物帶來平靜與安定的藥。靈芝是個強大的盟友，能夠再次平衡我們的神經系統、幫助心靈和頻率進化，據說還能清理業障。我把「業」理解為：我們對無意識中的觸發點和傷口做出反應時，所創造的事物（感謝我的朋友賴瑞・諾維克〔Larry Novick〕，他是薩滿和治療師，給了這個定義）。有很多植物——包括靈芝、聖羅勒、卡瓦卡瓦——能把我們帶往更高的意識狀態，而隨著持續練習，我們的神經系統可以學習乘載、調整到這些意識狀態。我相信這跟道家修士在冥想中接收到的指示類似：隨著我們持續跟這些智慧植物調整能量，我們的意識也會持續進化，對自己脆弱的部分跟傷口無意識做出反應的可能也會減少。如此，我們就能學習駕馭神經系統，在和諧與恩典之中做出回應。

最愛用途

- 雙重萃取，加入能量飲或稀釋水中。
- 隔夜煎煮，作為茶飲或加入高湯、濃湯、本草黑咖啡或其他配方。
- 隔夜熱泡藥草茶。
- 藥草茶冥想。
- 放在聖壇上。

艾草 *Mugwort*

拉丁學名： *Artemisia vulgaris*

植物科名： 菊科

艾草見於北半球溫帶區域，在空曠地區與路邊旺盛生長，在夏末開花前採收。艾草是林地或溪畔多年生、灌木一般的女巫藥草，在她4吋（10公分）呈瘦薄、深裂齒狀的葉背面，有銀色絨毛；植株能長到及腰的高度。花朵細小，開於暮夏月分。葉在開花前採收最佳；莖枝和乾燥藥草則是在開花後採收，製作艾條用於溫灸。艾草的傳說有很長的歷史，是作夢和占卜的魔法植物；就像她的名字暗示的，她和月神有很深的聯繫，使用於許多傳統的民俗醫藥中，尤其是女性和女巫的盟友。

藥草特性

- 苦味消化系統滋補藥草：促進消化與膽汁分泌，以及酵素的產生。
- 通經：促進子宮內壁脫落，調節經期；飲用或用來蒸薰陰道可以帶來月經；幫助經血完整釋放；對經前症候群和更年期也很有幫助。
- 開啟第三眼、振奮精神的藥草：占卜和夢境的植物，能夠改變意識狀態。
- 抗痙攣：放鬆痙攣的肌肉和身體的緊繃。
- 夢之藥草：與她同眠來引發夢境和星靈體旅行，但不能期待有一夜好眠。

植物靈療癒

艾草是個老嫗之靈，苦澀、充滿智慧而真實，會刺穿幻象的帷幕，把我們連結到毫無掩飾的實像，同時為身體和神經帶來平靜，讓我們能走得更深，不畏懼神祕。活化子宮、月經和生殖輪，可以呼喚她，請她為我們的創意計畫帶來智慧、視野和指引。因為她能開啟第三眼，我經常請她帶我到意識中，那些陳舊的生活方式準備好被釋放的地方。以薩滿技巧請她幫忙，來平衡左右腦，從非線性的領域帶回更多魔法、彎曲時間和空間的律法。在魔法裡，她是用來守護的藥草，所以也可以把她帶在身上。在她生長週期的每個階段，她都一樣強大而美麗；就算冬天她的地上部分會死去，她乾燥枯黃的葉子還是會保有揮發油，可以用作聖煙、祝福藥草和製成艾條。

最愛用途

- 茶，作為苦味消化藥。
- 加入甜味的茶，用來作夢。
- 與她同眠共枕，用來星靈體旅行。
- 乾燥的莖葉在野外可以生火。
- 薩滿之旅。
- 藥浴和桑拿。
- 用於約尼蒸薰（yoni steam），帶來月經、清潔子宮。

注意事項

懷孕時避免使用。

康復力 *Comfrey*

拉丁學名： *Symphytum officinale*
植物科名： 紫草科

　　康復力是種備受喜愛的多年生植物，有著寬大的綠葉、充滿水分的中空莖枝，還有呈神聖螺旋的紫色鈴鐺花。她熱愛潮濕、水分充足的地方，原生於北美洲大部分區域、歐洲、西伯利亞西部，可以長到3英尺（0.9公尺）高，向外大大展開，尤其當她的根部被打擾、破碎後更是如此。康復力是古老的民俗藥草，女巫和再生潮流的盟友，她也被稱為「補骨子」（bone knit），因為她把魔法編織到世俗之中，而且也是跌打損傷、組織、皮膚和傷口的絕佳治療師。她的根和葉兩者都被使用。

藥草特性

- 創傷藥：強大的傷口治療師。可以作為敷料局部使用，或做成藥膏，用於燒傷、破皮、刀傷或疹子；她治療的速度非常快，如果傷口太深甚至不建議使用，因為她會先讓表層皮膚癒合，而傷口深層的組織還來不及治療；康復力藥膏是我用來治任何燒傷、皮疹、疤痕、骨折、筋肉扭傷等等的第一選擇。
- 祛痰：康復力肺狀的葉和覆蓋植物的細毛，說明了她跟呼吸系統的關聯。
- 柔化肌膚：安撫發炎組織；我會喝康復力汁或藥草茶來治療發炎反應，或胃食道逆流、細菌感染等等造成的體內腫痛。

- 讓身心靈再生的好夥伴，能啟動療癒過程，帶來新生。

植物靈療癒

　　親愛的康復力是我在死亡、重生與再生時刻的偉大上師。在我生命中最困難、身心受創的時刻，當我的根突然被斬斷時，康復力在花園裡跟我說話，告訴我她會治療我的根，幫助我長出新的、更有生命力的根。一切就這樣開始了，我們一起穿過生命的奧祕旅程，我的生命開啟了新的一章——我確實能從那裡汲取更深、更深的大地魔法、滋養、力量與韌性。康復力是再生的大師；如果你嘗試把她從花園中挖起，每個留下根部殘片的地方都會長出新生命，又一次重生。她是危機時刻的盟友，那些我們必須讓自己老舊的部分死去，獲得新生的時刻。康復力也會療癒土壤，她會把葉子舒展開來，鋪在土地上堆肥，像是鋪在大地身體上的敷藥，釋放深厚的養分到土壤中。用於堆肥，也被種在果樹根部，她的直根可以把土地深處的養分往上帶，支持生長在她周圍的植物。深度療癒海底輪、帶來再生的同時，她也在細胞的層面上滋養著我們，還打開第三眼和頂輪，讓我們看見她紫色花鈴旋開的黃金比例。

最愛用途

- 新鮮青草汁。
- 和其他滋養藥草混合，泡藥草茶。
- 用於敷藥。
- 製成藥膏。
- 花精。
- 在花園中用於堆肥；造景設計中，種在果園裡。
- 繁殖容易，只要把一片根放進一盆土裡就行了；讓人開心的禮物。

注意事項

　　康復力在某些藥草師間有著不好的名聲，因為少量含有一種有毒的生物鹼，在肝臟中會累積。這種生物鹼在她的根部含量最大、濃度最高，葉子成長老化後含量也會提升，但年輕的葉子幾乎沒有。由於來自許多不同藥草師的各種故事，我會在需要康復力的魔法時請她幫忙，但最多只連續數天，期間長時間休息。我不內用她的根，而是主要使用她新鮮的年輕嫩葉。我愛她，但不會建議連續好幾個月每天服用，尤其若你肝臟有問題或者懷孕；除此之外，我感覺她很安全，她的好處為我自己和他人也都帶來了深刻的療癒。

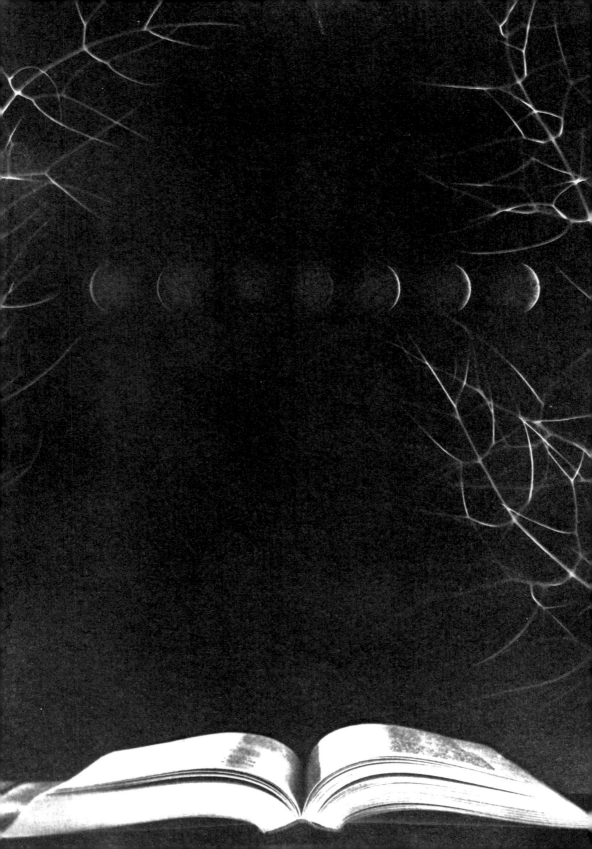

北方之門書寫提示

反思你內在的地元素。

地元素平衡時：

- 安定感；好好照顧你的環境、家還有身體；滋養自己、創造安全感，以及為需要的地方提供支持的能力。
- 健康的海底輪，不帶有祖先或家族的創傷，創造治癒的社群。
- 穩定、可靠（和火元素平衡）。
- 健康的好習慣、思緒平靜（和風元素平衡）。

地元素失衡時：

- 過度情緒化（太多水元素；通常需要更多地或火）。
- 焦慮、頻繁恐慌發作、心緒紊亂（需要更多地；風元素混亂）。
- 卡在自己的想法裡，頑固、一點也不讓步（太多地元素；需要風元素開啟心靈、火或水暢通阻礙，還有地元素的滋養，教導如何維持地的平衡）。
- 囤積、過量飲食、積累東西（地元素混亂；需要火元素清理和澈底轉化，或水元素進行更溫和柔軟、情緒上的層層釋放。滋養的地元素，例如滋養藥草，來平衡地元素）。

- 無家可歸、無業、總是在換工作（需要更多地）。

在手札中反思如何哺育你的內在老嫗：

- 如果沒有任何必須做的事，我會做什麼？
- 如果沒有任何社會規範和評斷，我會怎麼做？
- 我累了嗎？我有足夠的休息嗎？
- 對我的身體來說，什麼是最神聖的休息？
- 我的心渴望著怎麼樣的休息？
- 此刻，我靈魂的夢中避風港和隱居地是哪裡？
- 我可以如何培養內在的老嫗？

第 3 部

偉大的
治癒

第 8 章

隨著生命的螺旋起舞

有些神話和預言說道，我們所處的時代是巨大蛻變的時代。佛教學者、環保運動人士喬安娜・梅西（Joanna Macy）把這個時刻稱為「大轉向」（the Great Turning）。她講述了香巴拉勇士的故事：為了大轉向而行動，他們進入黑暗與幻象的領域，帶來光明、療癒和蛻變──這是一個再生的預言。其他古老的故事提到來自所有不同階層與文化的人們聚在一起成為虹之鬥士，他們將在環境毀滅和生態絕境的時刻，為我們的星球帶來療癒。在美國，我們有禿鷹和老鷹的傳說。牠們會開始一起飛翔，帶領我們離開文化宰制，引導世界回歸平衡。

我是一名母親、一個女巫、這片大地的戀人，在偉大的神祕面前無比謙卑。我對我們的未來抱持著希望，因為希望是我的心和行動的燃料，幫助製作我生命的藥。我認為，失去希望、陷入絕望，對我們在其中舞蹈的這匹織錦、魔法的網絡不會有幫助；把末日投射進巨大的未知之中，感覺並不對。在我心裡，我感覺這巨大的網絡需要美麗的歌，需要這些歌被唱進創造的紡線裡──愛與信仰的歌。我想像著，我們希望的合唱串聯在一起聽起來會是如何？我能感受到那首煉金之歌和諧、不可預期的喜悅。

所以，我把我的愛唱給大地聽。我持續努力著，為了創造許多聖所，讓我的弟兄姊妹能在那裡愛上大地、愛上自己，還有愛上大靈偉大的神祕。

願我們以深深的奉獻與龐大的美來愛大地。

愛上大地

> 愛是最大的動力、療癒和奇蹟最大的泉源。人類為其所愛承擔責任。

身為教育者、環保人士、綠女巫、大地的信徒、母親與戀人，我明白創造機會讓人們培養跟大地具體可感的關係，能打開他們的心和感官，使他們體驗到活著、作為蓋亞一部分的奇蹟。當我們的心對大自然敞開，我們就能被治癒、盛放如花。當我們愛上了大地，在我們靈魂中，還有行動的中心裡沉睡的獨特天賦就能甦醒，我們也會成為有著身體的「藥」。

看著現代生活的便利，例如塑膠或網路購物，很容易對人性失去信心。然而，羞愧和罪惡感並不能促使我們的弟兄姊妹在行為上有著開放、長期延續的轉變。是愛，是愛讓我們敞開，感受海洋被汙染的痛苦，還有爬出一切生命的子宮的奇蹟。

愛上大地。
愛上自己。
成為她最全心全意的戀人。
向偉大的神祕唱頌歌曲與禮讚。
讓你的生命成為愛的行動，充滿魔法又激進，成為活著的祈禱。
創造美麗、調配藥草、成為藥。
成為愛，
從狂喜的綻放中旋開。

謝謝你。
願祝福降於你。
So it is.

向前邁進，周而復始：隨著生命的螺旋起舞

「我會帶你到多深的地方去呢？」
偉大的神祕說
「你知道我生下了無數星系，星星的孩子。
我不會停下腳步，因為你的全心全意。
你已經把誓言說進宇宙的子宮裡，或許
我正呼喚你，要你成為蛻變的大釜
超越一場渺小人生的限制。
你的魔法超越時間的律法，
所以讓你的身體跟上，像樹一樣消化星光吧！
充盈死亡與腐朽的花園同樣肥沃，毫不費力。
那裡，我們赤足裸體，總是跳著舞，
在喜悅的發現中伸展彼此
謙卑的遊戲與驚嘆、
淚水、狂喜與禱告。

所以喝下神聖的水吧！
蒐集花朵、
梳理你女兒的頭髮。
你有一世又一世的生命可以蛻變，也毋須作為。
有人會說事態緊急，
但請總是扎根深邃的時間，再去處理。
因為正是急迫性先讓我們來到這個境地。
是的，這是一個宇宙的玩笑——
你想要拉扯時間的律法，
所以時間先拉長了你。
然後，我們再次回到這支舞。
我會透過你生下無數星系。
所以伸展吧！掏空自己。
吃下星星。
用你的屁股把宇宙跳成形。
我們都透過這道儀式獲得了生命。
記得嗎？」

資源

World as Lover, World as Self: Courage for Global Justice and Ecological Renewal by Joanna Macy

Plant Spirit Medicine: A Journey into Healing Wisdom of Plants by Eliot Cowan

The Garden Awakening: Designs to Nurture our Land and Ourselves by Mary Reynolds

Working the Roots: Over 400 Years of Traditional African American Healing by Michele Elizabeth E. Lee

Farming While Black: Soul Fire Farm's Practical Guide to Liberation on the Land by Leah Penniman

Permaculture Design: A Step-by-Step Guide by Aranya

The Practice of Traditional Western Herbalism: Basic Doctrine, Energetics and Classification by Matthew Wood

Forgotten Fires: Native Americans and the Transient Wilderness by Omer C. Stewart

The Hidden Life of Trees: What They Feel, How They Communicate – Discoveries from a Secret World by Peter Wohlleben

Tending the Wild: Native American Knowledge and the Management of California's Natural Resources by M. Kat Anderson

Braiding Sweetgrass: Indigenous Wisdom, Scientific Knowledge, and the Teachings of the Plants by Robin Wall Kimmerer

The Gift of Healing Herbs: Plant Medicine and Home Remedies for a Vibrantly Healthy Life by Robin Rose Bennett

Eastern Body, Western Mind: Psychology and the Chakra System as a Path to the Self by Anodea Judith

Cunt: A Declaration of Independence by Inga Muscio

Biodynamics Gardening: Grow Healthy Plants and Amazing Produce with the Help of the Moon and Nature's Cycles by Monty Waldin

《與狼同奔的女人》，克萊麗莎‧平蔻拉‧埃思戴絲（Clarissa Pinkola Estes）

參考書目

Buhner, S., Herbal Antibiotics: Natural Alternatives for Treating Drug-Resistant Bacteria. Storey Publishing, 1999.

Buhner, S., Herbal Antivirals: Natural Remedies for Emerging & Resistant Viral Infection. Storey Publishing, 2013.

Dashu, Max. Witches and Pagans: Women in European Folk Religion, 700-1100（Secret History of the Witches）. Veleda Press, 2017.

Hoffman, David. Medicinal Herbalism: The Science and Practice of Herbal Medicine. Healing Arts Press, 2003.

Holmes, Peter. The Energetics of Western Herbs: A Materia Medica Integrating Western & Chinese Herbal Therapeutics. Snow Lotus Press, 2007.

Maimes, S. and Winston, D. Adaptogens: Herbs for Strength, Stamina and Stress Relief. Healing Arts Press, 2007.

Mollison, B. and Slay R., Introduction to Permaculture. Ten Speed Press, 1997.

Starhawk. The Spiral Dance: A Rebirth of the Ancient Religion of the Great Goddess. HarperOne, 1999.

Steiner, Rudolf. Agriculture Course: The Birth of the Biodynamic Method. Rudolf Steiner Press, 2004.

Tedlock, Barbara. The Woman in the Shaman's Body: Reclaiming the Feminine in Religion and Medicine. Bantam Books, 2005.

Weed, Susun S. Wise Woman Herbal: Healing Wise. Ash Tree Publishing, 2003.

關於作者

　　瑪麗莎·邁雅諾夫絲卡，神聖荒野學院（School of the Sacred Wild）校長、老師、作家、大地運動者、綠女巫、民俗藥草師，根植智慧女人療癒傳統的治療師。

　　身為一名多語、多重文化背景的大地之母信徒，瑪麗莎一生都在旅行、學習與分享各種照料大地的再生療癒之道，用來治癒土地與人。她曾是蓋亞療癒學院薩姬·莫芮的學徒，並應用來自不同文化的可持續性（sustainable）藥草，如西方藥草學、阿育吠陀、西伯利亞、非洲、西藏與傳統中藥。

　　生於波蘭，她傳承了歐洲民俗藥草。瑪麗莎的教學出自她自己的傳承、訓練，以及跟植物相處的個人經驗，還有和大地的連結。如果教學內容來源並非自己，她只在經過許可後分享那些傳給她的技藝以示尊敬。瑪麗莎認為文化挪用（cultural appropriation）指涉一特定的權力關係，在這樣的關係中，強勢文化的成員拿取、使用他人文化的元

更新版本譯自瑪莉莎個人網頁、神聖荒野學院

素，而後者持續受到前者本身的強勢文化的壓迫。瑪麗莎許諾維持一個安全、充滿著愛，而且沒有階級之分的空間，讓人們能夠學習與成長。

瑪麗莎以尊敬的心對待植物，將他們視為具有靈智的存在、長老、治療師與導師。身為植物靈媒，瑪莉莎從大地神靈那裡接收訊息，引導學生透過冥想與自己的身體和植物連結，並接受他們的指引、學習他們的構成、能量模式與性質。

瑪麗莎對樸門農法（permaculture）和生態動力園藝學的熱情、大地環保運動者、社群組織者與設計師經驗，這些都和她的志業交織在一起：也就是培養與土地精神上的連結，然後讓這份關係化為行動。她分享的教誨來自於深遠的時間，但她也要學生和顧客對這些主題進行探詢、參與以及實踐：我們可以如何成為「藥」呢？給我們自己、彼此，還有大地的「藥」。

她致力於連結人的療癒以及土地的療癒，這點讓她成為農場與地主的顧問。她的「土地再生計畫」（Regenerative Land Plan）客製神聖的藥草與作物花園，並幫忙把再生農業技法帶往任何規模的土地，大地之母的身體。

身為藥草師，瑪麗莎在馬里布（Malibu）根據生態動力學種植有機藥草，親手為自己的藥舖調配藥草；她也是「美儀式」（Ritual Beauty）的配方師與合夥人，同時也為其他道德的公司開發產品，如芙莉亞（Foria）。

瑪麗莎也在國際上教學與演講、寫作、參加電視與廣播訪談。

近年來，瑪麗莎有無限的榮幸與喜悅在薩姬·莫芮創於 2001 年的蓋亞療癒學院服務，訓練與指導藥草師。她許多學生後來都開創了成功的藥草產品線、在自己的土地應用再生農法，以及提供藥草治療服務。

瑪麗莎目前和她的女兒芙蘿拉居住於加州托潘加。

神聖荒野學院、瑪莉莎個人網頁：
https://www.schoolofthesacredwild.com/
IG：@marysia_miernowska

致謝與感激

向所有植物、人類和非人類的接生婆和陪產員，我致上由衷的感謝，謝謝你們幫助我彎曲時間和空間的律法，讓這本書誕生在這個世界。

感謝人間的一切——我的朋友、戰友、家人、老師、學生還有女巫。

感謝妳，薩姬・莫瑞（Sage Maurer）。感謝妳在佛蒙特北部的深林中撫開松樹，幫助我看見這條綠色的道路。這條路帶領我回到我曾祖母手中的蕁麻，還有波蘭的橡樹。文字永遠也無法容納妳存在本身的魔法：老師、姊妹、朋友、戰友、嚮導、詩人、神祕主義者、愛。我會永遠感激妳的慷慨和友誼。

感謝你們，我的女巫團、我照料的花園、我深愛的土地、我在你的樹蔭下教課的那棵橡樹。感謝妳，瑪姬・洛赫騰堡（Maggie Lochtenberg），謝謝妳為這本書所做的絕美美術——我們共享的心靈景色捕捉自天外，它們的傳遞和我們彼此的喜悅，然後妳把它們轉化成祝福了這些書頁的藝術：這些都會讓我永遠充滿欣喜。謝謝妳們，許許多多一直支持著我和我工作的姊妹：謝謝妳們，寶拉、小玉、傑絲、瓦萊莉亞，還有所有我親愛的蓋亞綠女巫。感謝妳吉兒，從我存在中深層的水域完成了這本書；也感謝領英集團（Quarto Group）令人讚嘆的女人，謝謝妳們讓這本書成為可能。

感謝你們，製成這書的樹木。請原諒任何我所造成的傷害，還有和你們的美相比黯然失色的這些文字。我祈禱著，從這些你們身體製成的書頁，能擴散出愛與魔法奇蹟力量的漣漪，喚醒讀者的荒野之心；也願這些療癒和奉獻的潮流回歸你們來自的土地，回到我們大地之母的骨肉裡。謝謝你們，姊妹弟兄，謝謝你們給我每天的呼吸，還有你們的參與。

感謝你們，所有參與了這本書之誕生不可見的存在，還有充滿我內在井水的那些經驗，我從那裡汲取了療癒的瓊漿，並祈禱著它能滋養乾渴或好奇的靈魂。對不可見的感謝屬於文字以外的世界。

向所有我超越自身書寫這一切時承載著我的場所和土地，我致上由衷的謝意：我姊姊寶拉的壁爐，還有優勝美地山上她照料的營火，

多至之時，我在那裡開始；在多天妊娠的空無之時，為了點燃創造的渠道，我攀上的那些山脊和岩石；在聖燭節之後，引誘了更進一步寫作的月光下的溫泉水，還有喜悅的水獺，我也向你們致上感激與敬意。謝謝妳，芙蘿拉，親愛的女兒，我愛妳；妳是奇蹟的星火、蛻變的觸媒。妳改變了我。謝謝妳，moja kochana córeczka。感謝你們，我的母親和父親、我自己選擇的家人，還有幫助我照顧芙蘿拉的社群，謝謝你們讓我擠出時間寫作。祝福你，我的家，春分之時我在你的屋簷下勞作到深夜；祝福你，我父母的家，在你的屋簷下，我在發行之前讀了書稿最後一次，在那個日食與七月新月的晚上。對彎曲時間和空間律法的真實性，也對推出一本書所有不浪漫的時刻、對分享如此親密事物的恐懼、對害怕世人的評斷而動搖的恐懼，我深深鞠躬。

以及對我生命中所有的死亡與新生的感謝，這些都以苦澀與甜美的味道餵養了我的靈魂。向整全、完熟與完整的生命奧祕致上感謝。對我們美麗、親愛的大地母親，我全心皈依；也對植物、我的老師、治療師還有嚮導致上感謝：謝謝你們所給我，還有帶走的一切。有一天，我會成為最美味的肥料，吐出甜美的腐朽之歌，化入你豐饒的血肉裡。與此同時，讓我在我人生最宏大的情歌裡，和土壤和星星結婚。願我的生命成為活生生的禱告，為走在前方的人，以及還未出生的，都帶來療癒。

此在如是。So it is.

Marzsia Miernowska

這些謝詞是在陽曆與陰曆五月節之門的另一邊寫下的
在加利福尼亞的托潘加，五月的一個雨天
一隻黑貓蜷縮在我腿上。

附錄：

詞彙對照表與注釋

藥草中英學名對照表

英文名	拉丁學名	中文名
Ashwagandha	Withania somnifera	印度人參
Astragalus	Astragalus membranaceus	黃耆
Blue Lotus	Nymphaea caerulea	藍睡蓮
Blue Vervain	Verbena hastata	藍馬鞭
Burdock	Arctium lappa	牛蒡
Cacao	Theobroma cacao	可可
Calendula	Calendula officinalis	金盞花
Chaga	Inonotus obliquus	白樺蓉
Chamomile	Matricaria chamomilla	洋甘菊
Chickweed	Stellaria media	繁縷
Cinnamon	Cinnamomum verum	肉桂
Cleaver	Galium aparine	原拉拉藤
Comfrey	Symphytum officinale	康復力
Damiana	Turnera diffusa	達米阿那
Dandelion	Taraxacum officinale	蒲公英
Echinacea	Echinacea purpurea	紫錐花
Elder	Sambucus nigra	接骨木
Eleuthero	Eleutherococcus senti-cosus	刺五加
Fennel	Foeniculum vulgare	茴香
Garlic	Allium sativum	大蒜
Ginger	Zingiber officinale	薑
Gotu-kola	Centella asiatica	雷公根
Hawthorn	Crataegus monogyna	山楂
Holy Basil (Tulsi)	Ocimun sanctum	聖羅勒
Hops	Humulus lupulus	蛇麻花
Jasmine	Jasminun officinale	茉莉
Kava Kava	Piper methysticum	卡瓦卡瓦
Lavender	Lavandula angustifolia	薰衣草

英文名	拉丁學名	中文名
Lemon Balm	Melissa officinalis	檸檬香蜂草
Linden	Tilia spp.	椴樹
Lion's Mane	Hericium erinaceus	猴頭菇
Maitake	Grifola frondosa	舞菇、灰樹花
Marshmallow	Althaea officinalis	蜀葵
Miner's lettuce	Claytonia perfoliata	礦工生菜
Mint	Mentha spp.	薄荷
Motherwort	Leonurus cardiaca	益母草
Mullein	Verbascum thapsus	毛蕊花
Mugwort	Artemisia vulgare	艾草
Nettle	Urtica dioica	蕁麻
Oatstraw	Avena sativa	燕麥桿
Olive	Olea europaea	橄欖
Oregano	Origanum vulgare	奧勒岡
Passionvine	Passiflora incarnata	西番蓮
Peach	Prunus persica	桃
Raspberry leaf	Rubus idaeus	覆盆子葉
Reishi	Ganoderma lucidum	靈芝
Rhodiola	Rhodiola rosea	紅景天
Rose	Rosa spp.	玫瑰
Rosemary	Salvia rosmarinus	茉莉
Saint John's Wort	Hypericum perforatum	聖約翰草
Schisandra	Schisandra chinensis	五味子
Shatavari	Asparagus racemosus	天門冬
Shitake	Lentinula edodes	香菇
Skullcap	Scutellaria lateriflora	美黃芩
Thyme	Thymus vulgaris	百里香
Slippery Elm	Ulmus rubra	滑榆木
Tumeric	Curcuma longa	薑黃
Turkey Tail	Trametes versicolor	雲芝
Violet	Viola odorata	香董菜
Yerba Santa	Eriodictyon californicum	北美聖草

藥理作用詞彙

Adaptogen, tonic：Adaptogen 常見翻譯是「適應元」，指的是滋補、能提升身心調節壓力的能力的藥草，同時幫助個體適應環境，例如刺五加、紅景天、人參等等。Tonic 是一般中文說的「補品」，也有滋補的意思，但意義更加廣泛一點，也不一定有幫助調節壓力、幫助適應的效果。一般翻譯為「補藥」、「補品」，但這樣意義有時太過強烈。依照脈絡，這個詞有時候指的是溫和的營養補給品。因此，第二部分每章章首季節一瞥，譯者統一譯為「補藥」，因為這一部分是以藥性、藥理做的分類；而內文中，如 57 頁，譯為「補給（品）」、「保養（品）」。

Alterative：淨血。透過照顧、清理排泄與淋巴系統，改善整體健康。

Anti-bacterial：抗菌。

Anti-microbial：抗微生物。

Anti-oxydant：抗氧化。

Antispasmodic：抗痙攣、放鬆肌肉。

Anti-viral：抗病毒。

Aphrodisiac：催情。

Carminative：祛風、消除脹氣。

Decongestant：緩解鼻塞、移動淤積能量。

Demulcent：滋潤。幫助組織分泌黏液。

Diaphoretic：發汗。

Emollient：潤膚。

Expectorant：祛痰。

Nervine：安神。原文指在神經系統作用的藥草，可分為提振精神與安神放鬆兩種。不過一般使用指的大多是「安神」。

Nourishing herbs：滋養藥草。

Sedative：鎮靜。

Stimulant：刺激、提振。

Vulnerary：傷藥、治療創傷。

女巫藥草舖

出　　　　版／楓書坊文化出版社
地　　　　址／新北市板橋區信義路163巷3號10樓
郵 政 劃 撥／19907596　楓書坊文化出版社
網　　　　址／www.maplebook.com.tw
電　　　　話／02-2957-6096
傳　　　　真／02-2957-6435
作　　　　者／瑪麗莎·邁雅諾夫絲卡
譯　　　　者／張晉瑋（狐狸先生Cléo）
企 劃 編 輯／陳依萱
校　　　　對／周季瑩
港 澳 經 銷／泛華發行代理有限公司
定　　　　價／580元
初 版 日 期／2023年5月

國家圖書館出版品預行編目資料

女巫藥草舖 / 瑪麗莎·邁雅諾夫絲卡作；張晉
瑋(狐狸先生Cléo)譯. -- 初版. -- 新北市：楓
書坊文化出版社, 2023.05　面；公分

譯自：The witch's herbal apothecary

ISBN 978-986-377-849-3（平裝）

1. 巫術　2. 藥用植物

295　　　　　　　　　　　112004024